ON N'ARRÊTE PAS L'ÉCO

Cet ouvrage a été réalisé
en collaboration avec France Inter.

Design graphique : gr20paris

www.franceinter.fr
www.seuil.com

MIXTE
Papier | Pour une gestion forestière responsable
FSC® C106107
FSC www.fsc.org

ON N'ARRÊTE PAS L'ÉCO

Alexandra Bensaid

Christian Chavagneux

Sandrine Foulon

Valentin Pérez

Marc Vignaud

Illustrations de
Simon Landrein

SEUIL

france inter

Le sommaire

« Tu sais, quand je lis des trucs comme ça, sur l'histoire des banques et tout le merdier qu'il y a autour, je me dis souvent qu'il y a tellement de choses que je ne comprends pas dans tous ces machins d'économie, de politique, que c'est pas la peine que j'insiste, j'ai pris trop de retard. D'autres fois, c'est le contraire, j'essaie de m'accrocher, de me dire que plus je sais de trucs, moins ils pourront me la faire à l'envers, pour voter, ou pour placer mon argent. D'un autre côté, en ce moment, le problème est réglé, j'ai pas un radis. »

Jean-Paul Dubois,
Tous les hommes n'habitent pas le monde de la même façon,
Éditions de l'Olivier, 2019

L'économie comme on la vit

Entre le début d'écriture et le point final de cet ouvrage, séparés par quelques mois, ont surgi une guerre, un choc énergétique, une flambée de l'inflation, un risque de récession mondiale. Bienvenue dans le monde de l'économie, rempli de secousses !

Depuis 2010, sur France Inter, « On n'arrête pas l'éco » décrypte, chaque samedi matin, ses grands bouleversements.

Sur le coup de 8 h 52, au cinquième étage de la Maison de la Radio et de la Musique, nous fermons le bureau de l'émission. Céline Illa, la réalisatrice, diffuse sur le haut-parleur de son smartphone *Crazy in Love* de Beyoncé pour insuffler à tous de l'énergie – pourquoi faudrait-il que l'économie soit plombante ? Nous partons nous installer dans le studio 521. Débat, reportage, interview d'un ou une dirigeant(e), échange avec un correspondant à l'étranger, réponses aux questions de nos auditeurs sur le droit du travail… La formule, rythmée, se compose comme un cocktail bien frappé à l'heure du petit déjeuner : du décryptage, de la confrontation d'idées, de la bonne humeur, avec des chroniqueurs fidèles. Pour fabriquer cette heure d'antenne, une dizaine de professionnels s'affairent : « On n'arrête pas l'éco » est une émission de bande. Et si on y ajoute les auditeurs, la bande atteint les 2 millions de personnes.

La meilleure preuve qu'il y a un appétit à discuter de l'économie, comme on la vit et comme on la veut. Difficile de croire que nous, Français, serions nuls en la matière, comme on l'entend encore souvent… En tout cas, en peuple politique que nous sommes, nous avons envie d'en débattre. Comment distribuer de façon juste les richesses ? Comment régler le problème du chômage ? Que faire avec ces GAFAM toujours plus puissants ? Après plus de dix ans d'émission hebdomadaire, la réponse paraît claire. Il n'y a pas de grille de lecture unique ni de solution simple. Mais des intérêts divergents et des visions différentes de ce qu'est une bonne société. En tant qu'émission de service public, nous nous devons de mettre en lumière ce pluralisme d'idées.

Si l'économie est encore souvent vue comme une science lugubre (parce que les économistes se trompent régulièrement ? parce qu'on leur demande beaucoup d'expliquer les mauvaises nouvelles ? parce qu'ils ne sont descendus que récemment de leur tour d'ivoire ?), « On n'arrête pas l'éco » voit les choses autrement. Peu de théorie, aucune question déclarée idiote, de la proximité et de l'humour !

C'est cette même chair que nous avons voulu retrouver dans un livre. Dans ces pages comme dans le poste, nous racontons ce qui survient aujourd'hui, comment nous en sommes arrivés là et ce qui pourrait se passer demain. C'est un film en chiffres, en mots, en débats, en dessins pop et poétiques signés Simon Landrein. Un film qui présente des images de la France sous nos yeux et de la France dans le monde. Sans préjugés, il détaille nos atouts, nos contraintes, nos choix et la manière dont d'autres résolvent leurs équations. Autant de mises au point pour sortir du brouillard des opinions non étayées, des lieux communs et des polémiques gratuites que véhicule notre époque.

L'enjeu est démocratique. S'entendre sur un minimum de faits permet de commencer à discuter ensemble. Comprendre apaise le sentiment d'impuissance. L'éco ne s'arrête pas mais, chaque samedi, nous la mettons sur pause. Le temps d'observer, expliquer, réfléchir, débattre et sortir, donc, de ce sentiment déprimant que tout se déciderait sans nous dans d'autres sphères, que nous serions les victimes de crises surgies d'horizons lointains. S'informer est le meilleur antidote pour qui veut échapper aux marchands d'illusions...

Comme nous, vous allez découvrir à quel point nos préoccupations ont changé. Entre inflation et risque de pénuries d'énergie et de matières premières, le pouvoir d'achat nous soucie désormais plus que le chômage. La réduction du temps de travail et les 35 heures ne sont plus au centre du débat. Aujourd'hui, les mots transition, écologie, numérique, inégalités et souveraineté se sont imposés. Il était temps. Et des progrès ? Il y en a eu quelques-uns. Ces dernières années, les paradis fiscaux ont reculé ; l'idée d'une imposition minimale des multinationales s'est imposée aux États impécunieux ; les climatosceptiques ont (presque) disparu…

Les turbulences de ces dernières années ont apporté davantage de lucidité. Nous avons vécu les secousses post-crise financière de 2008, la crise des dettes souveraines des années 2010, le bras de fer commercial engagé par Donald Trump avec la Chine. Nous subissons aujourd'hui les répercussions de la guerre déclarée par Vladimir Poutine à l'Ukraine. Et nous avons connu ensemble l'inimaginable, la seule chose qui ait véritablement arrêté l'éco : la pandémie en 2020.

Faut-il être pessimiste ou optimiste ? La réponse n'appartient qu'à vous. Ce livre est là pour vous aider à vous faire votre propre avis. Plusieurs mondes sont possibles.

Mais, franchement, quelle est la meilleure stratégie lorsqu'on redoute qu'un danger nous tombe (encore) du ciel : courir en regardant ses pieds ou lever les yeux pour déterminer comment l'éviter ?

Alexandra Bensaid et Valentin Pérez

Parlez
—moi
de moi

Le boulot à décrocher, le loyer à payer, le prêt immobilier à rembourser, le plein d'essence à faire, la facture d'électricité en souffrance, le salaire à (re)négocier, le bus à ne pas rater, les soucis de santé à anticiper, la garde des enfants à organiser... Combien de fois par jour faisons-nous de l'économie, l'air de rien, dans le tourbillon du quotidien ? Certes, les experts emploient un autre vocabulaire, plus sophistiqué : dépenses contraintes, inflation, accès à la propriété ou polarisation du marché du travail. Mais ce sont les mêmes problèmes à résoudre.

Pour commencer, si nous tendions un miroir aux Français ? Bien sûr, le premier reflet nous permet d'obtenir un autoportrait factuel, sur nos revenus, nos dépenses, nos logements ou notre espérance de vie. Pourtant, lorsqu'on s'approche de la glace, avec plus d'attention, les nuances apparaissent. Dans notre pays, tout le monde ne démarre pas avec les mêmes chances. Inégalités et discriminations assombrissent le tableau et pèsent sur les patrimoines, comme sur la capacité à être embauché.

Justement, à écouter ceux qui nous gouvernent, le plein-emploi pourrait être la fin de nos soucis, à la fois un facteur d'épanouissement et un pourvoyeur de revenus. Mais pouvons-nous y arriver et à quelles conditions ? Et, dans un univers professionnel en pleine mutation, où se percutent statuts précaires et développement du télétravail, allons-nous vraiment vers le progrès ?

À la fin de la journée, une fois récupérés les enfants, descendus du bus, la facture réglée, la porte de la maison refermée, demeure la grande question. Celle du bonheur, pour laquelle nous, Français, ne paraissons pas les plus doués... Entre ce que nous avons et ce que nous ressentons, existe parfois une déconnexion. Plutôt que de rester le nez collé sur le miroir qui peut être déformant, reculons de quelques pas, pour nous jauger de plus loin. Et nous voir tels que nous sommes.

ALORS, HEUREUX ?

2 518 € NET

C'est ce que gagnait en moyenne un salarié du secteur privé en 2020 en France, ce pays où, contrairement aux États-Unis, personne n'évoque son salaire… mais chacun voudrait connaître celui du voisin. En vérité, ce chiffre cache tant de disparités ! Ainsi, en 2019, de l'ouvrier non qualifié à 1200€ en moyenne jusqu'au chef de grande entreprise qui émargeait à quasiment 17 000€, évoluaient coiffeurs (1 400€), bouchers-charcutiers (1 700€), secrétaires (1 800€), architectes (3 100€), journalistes (3 300€), médecins (5 800€) ou avocats (6 600€). Tout compte fait, la moitié de ces travailleurs ne touchaient pas plus que le salaire médian, soit 1 940€ net mensuels.

2 320 € NET

C'est ce qui tombait en moyenne chaque mois sur le compte en banque d'un fonctionnaire en 2019. Mais, là encore, un écart existe entre les trois branches. Les agents territoriaux (juristes, secrétaires de mairie, aides à l'enfance, agents de restauration…) touchent 1 990€ en moyenne, alors que ceux qui appartiennent à la fonction publique d'État (administrateurs, greffiers, inspecteurs…) atteignent les 2 600€. Entre 2014 et 2019, ces salaires sont restés globalement stables. Sauf pour le personnel hospitalier où ils ont légèrement décliné, signe de la détérioration observée dans le milieu de la santé.

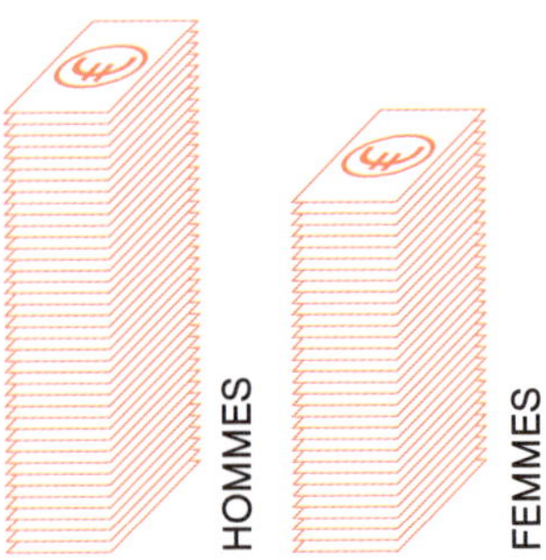

-22,3 %

En moyenne, les femmes sont toujours rémunérées 22,3 % de moins que les hommes. Un écart qui n'a diminué que de 5,1 points en 25 ans, entre 1995 et 2019. Deux grands facteurs jouent contre elles. Elles travaillent davantage à temps partiel ou cessent carrément leur activité pour s'occuper des enfants. Et elles ont moins souvent accès aux postes les mieux payés. Mais tout ne s'explique pas : si l'on regarde dans le secteur privé et qu'on prend pour référence un même travail au sein d'une même entreprise, en équivalent temps plein, on trouve encore un écart moyen de 5,3 % en défaveur des femmes.

Source : Insee

« De la température réelle »...

Durant le premier quinquennat Macron, le pouvoir d'achat (revenu disponible brut réel par unité de consommation) a plus augmenté qu'au cours des quinquennats Hollande et Sarkozy, mais moins que sous les deux mandats de Chirac. Entre 2017 et mi-2022, les ménages ont en moyenne gagné 0,9 % par an de revenu disponible, c'est-à-dire 300 euros de plus chaque année. Ce qui a joué ? Les créations d'emplois et les baisses d'impôts. Avec un bémol : en parallèle, le déficit public s'est aggravé.

... « à la température ressentie »

Entre 2017 et 2021, le niveau de vie des 10 % de ménages les plus modestes a grimpé de plus de 5 % et cela représente 600 euros. Mais avec 3,5 % d'augmentation, les 10 % les plus aisés ont eu 2 600 euros de budget supplémentaire. Autre explication : l'inflation, de retour à partir de 2021, a attaqué le pouvoir d'achat, notamment à cause de la facture énergétique. Sont concernés au premier chef ceux qui vivent à la campagne, qui ne peuvent pas se passer de leur voiture pour aller travailler, et ceux qui se chauffent au gaz.

« C'est tout un art de bien placer le thermomètre »

Loyer, remboursement d'emprunts, assurances, factures d'électricité, de gaz, d'eau, d'Internet, de téléphone... Certaines de nos dépenses sont contraintes et elles pèsent 28,4 % de notre revenu disponible. Par rapport à 1960 (12,6 %), elles ont plus que doublé.

Pour mesurer le pouvoir d'achat, le niveau de vie et le bien-être, il ne suffit donc pas d'observer les revenus. Il faut considérer sérieusement le logement, devenu le premier poste de dépenses dans la consommation des ménages, loin devant l'alimentation, le transport, la santé et l'éducation. Où notre habitation se trouve, à qui elle appartient et comment elle est chauffée : voilà les grandes sources d'inégalités quand il s'agit du budget des Français !

Sources : OFCE 2022 / Insee 2019 et 2020

Bernard ARNAULT

Né le 5 mars 1949

LVMH

146 milliards

Françoise BETTENCOURT MEYERS

Née le 10 juillet 1953

L'ORÉAL

68 milliards

Alain & Gérard WERTHEIMER

Nés les 28 septembre 1948 & 17 avril 1951

CHANEL

57 milliards

Rodolphe Saadé

Né le 3 mars 1970
CMA-CGM
38 milliards

François Pinault

Né le 21 août 1936
Kering
(Gucci, Saint Laurent, Balenciaga…)
37 milliards

Emmanuel Besnier, Jean-Michel Besnier & Marie Besnier Beauvalot

Nés le 5 juin 1967, le 18 septembre 1970 et le 30 juillet 1980
Lactalis
37 milliards à eux trois

Thierry Dassault, Laurent Dassault & Marie-Hélène Habert

(veuve de Serge Dassault)
Nés le 7 juillet 1953, le 26 mars 1957, et le 4 avril 1965
Groupe Dassault
23 milliards à eux trois

Xavier Niel

Né le 25 août 1967
Iliad (Free…)
38 milliards

Vincent Bolloré

Né le 1er avril 1952
Médias et transports
(Vivendi, Groupe Bolloré…)
7 milliards

Alain Mérieux

Né le 10 juillet 1938
BioMérieux
6 milliards

Patrick Drahi

Né le 20 août 1963
Altice
(SFR, Portugal Telecom…)
6 milliards

Stéphane Bancel

Né le 20 juillet 1972
Moderna
4 milliards

Source : estimations classement Forbes, avril 2022

Bien que majoritairement propriétaires, les Français le sont moins que la moyenne des Européens (70 %) et bien sûr que les Roumains, champions de la propriété immobilière (96,4 %).

58 % des ménages français sont propriétaires de leur chez-eux : ils occupent ainsi plus de 29 millions de résidences principales. Cette part de propriétaires, en augmentation depuis les années 1980, comporte un tiers d'accédants, c'est-à-dire de foyers à qui il reste encore à finir de rembourser leurs emprunts.

Depuis 2010, la part de Français devenant propriétaires stagne. Ce pas est de plus en plus difficile à franchir. La faute aux prix de l'immobilier, toujours plus élevés : en vingt ans, pendant que l'inflation a atteint environ 30 %, les prix de logements à l'achat ont, eux, grimpé de 125 % !

En face, 40 % des ménages français sont locataires. On compte environ 10 millions de logements loués en France, dont un quart en maisons ou bâtiment individuels et trois quarts en bâtiments collectifs.

À qui louent-ils ? Souvent aux mêmes, car le parc de logements des particuliers est aujourd'hui en majorité détenu par des Français multipropriétaires. Ainsi, 68 % des logements du pays sont entre les mains de 24 % des ménages.

Et si on ne se concentre que sur les 3,5 % de superpropriétaires (soit 1 million de ménages qui détiennent au moins 5 habitations), eux détiennent carrément la moitié des logements de particuliers en location dans l'Hexagone.

Sources : Insee, 2017, 2019, 2021 / Eurostat, 2020

85,1 ANS

C'est l'âge jusqu'auquel, en France, une femme peut espérer vivre. Un chiffre qui a progressé de 3,1 ans en 25 ans. De leur côté, les hommes déclinent plus vite, dès 79,1 ans en moyenne. Mais eux ont, sur la même période de temps, gagné 5,3 ans d'espérance de vie.

65 ANS

C'est l'âge moyen de l'espérance de vie en bonne santé en France. Il oscille plus exactement entre 64,4 ans pour les hommes et 65,9 ans pour les femmes, des résultats supérieurs à la moyenne européenne. Dans une forme éclatante, les Français ? Il reste toutefois délicat de l'affirmer car la DREES (Direction de la recherche, des études, de l'évaluation et des statistiques), qui supervise le calcul, ne se base que sur des données déclaratives…

+6 ANS

de vie en moyenne. Voici le privilège des hommes cadres. Ils vivent plus longtemps que les ouvriers. L'écart est moins important pour les femmes, avec trois ans d'espérance de vie supplémentaires pour une cadre par rapport à une ouvrière. Pourtant, le genre – et sans doute l'hygiène de vie ! – l'emporte sur la classe sociale : une ouvrière peut espérer vivre un an de plus qu'un homme cadre.

1,83 ENFANT

C'est – avec la cruauté dotée de virgules qu'ont toujours les statistiques ! – le nombre moyen d'enfants qu'une femme française a au cours de sa vie. Ce chiffre est en déclin depuis 2010 et en net recul par rapport au XXe siècle. Dans les années 1930, par exemple, une femme donnait naissance à 2,6 enfants. Toute une affaire pour (re)penser le système de retraites…

Sources : Insee / État civil / Observatoire des inégalités

Chers Français,
Ne tirez pas cette tronche ! À vous entendre, c'était toujours mieux avant : du temps de Chirac, de Mitterrand, de la Nouvelle Vague, de Gustave Eiffel, et pourquoi pas de Napoléon. Pas de ça chez nous. Le protestantisme nous a appris que se plaindre n'est jamais une option.
Longtemps, vous nous avez regardés d'un œil moqueur : qui sont ces Vikings qui comptent 3 millions de saunas pour 5,5 millions d'habitants et subissent des kaamos, nos fameuses nuits polaires ? Mais, depuis que, coup sur coup, les Nations unies puis Eurostat nous ont classés le pays le plus heureux du monde, vous nous enviez, hein ? Maintenant, même vos influenceurs sportifs vantent nos bains glacés pour leur aptitude à sécréter sérotonine, dopamine et endorphines…
De vraies raisons expliquent notre consécration : notre PIB par habitant (plus élevé que le vôtre), notre espérance de vie, notre faible taux de corruption ou encore notre confiance dans les institutions participent à notre sérénité. Et puis l'équilibre entre privé et professionnel joue. Si l'on travaille tôt, on peut débaucher dès 16 heures. On est ainsi le pays de l'OCDE où l'on passe le plus de temps auprès de ses jeunes enfants et où les inégalités à l'école sont plus faibles qu'ailleurs (et avec peu de devoirs à la maison, dites ça à vos Jade et vos Gabriel !)
Mais des défis nous attendent. On vieillit et on peine à recruter. On compte donc attirer des forces étrangères, 50 000 travailleurs et 15 000 étudiants, chaque année d'ici 2030. Un pari car les discriminations à l'emploi envers les immigrés demeurent un frein. On a donc lancé des programmes, comme « 90 Day Finn », pour faire tester notre pays à la crème des entrepreneurs étrangers pendant trois mois et espérer que le charme finnois opère.
Le bonheur a beau être un aimant puissant, il n'est pas toujours suffisant…
Mais on se raccroche au sisu, notre état d'esprit national qui encense la persévérance. Alors, si, en France, vous vous êtes encore levés du pied gauche ce matin, pensez à nous qui essayons d'être ni désespérés face aux challenges, ni naïfs face aux classements internationaux qui nous disent bienheureux. En un mot : mesurés !

Amitiés finlandaises

« Le bien-être des Français n'est pas à la hauteur de leur niveau de revenu ! »

CLAUDIA SENIK
Économiste du bonheur

Professeure à l'université Paris-Sorbonne et à l'École d'économie de Paris, Claudia Senik est la spécialiste française de l'économie du bonheur. Cette discipline analyse non pas les actions des agents économiques, mais leurs ressentis, autodéclarés et subjectifs. Le but ? Aller au-delà du PIB dont le candidat à l'investiture démocrate Robert Kennedy disait, dès 1968, qu'il « mesure tout, sauf ce qui fait que la vie vaut la peine d'être vécue ». Être riche, être né homme ou femme, à tel endroit du globe, travailler ou non... qu'est-ce qui fait la différence ? Directrice de l'Observatoire du bien-être du CEPREMAP, elle tente ainsi de définir les lois du bonheur.

Les Français sont-ils des gens heureux ?

Pour le savoir, on peut comparer. Il existe des pays super heureux : la Norvège, le Danemark, la Suède, entre autres. Et puis des pays vraiment moins heureux, comme les pays de l'est de l'Europe ! Au milieu, on trouve un groupe d'autres pays européens, dans lequel la France est particulièrement pessimiste. On pourrait résumer ce classement par : « plus on est riche et plus on est heureux », mais il y a des exceptions. Ainsi, la France affiche un bien-être plus bas que ne le prédit son niveau de revenus ! Pourquoi ? Cela tient à l'esprit français, à notre manière de voir, de ressentir, de juger. C'est un phénomène culturel.

Cependant, on voit des disparités entre individus...

Bien sûr. Par exemple, les femmes se disent en général plus heureuses que les hommes dans les pays développés et démocratiques. Par ailleurs, si l'on étudie l'âge, on découvre une courbe en U. En vieillissant, les gens se déclarent de moins en moins heureux, jusqu'à atteindre un minimum vers 45-50 ans. Ensuite, cela rebondit. Cela peut tenir au fait que l'on part avec de trop grands espoirs et qu'ils sont déçus, ou que le milieu de la vie est un moment chargé où l'on doit s'occuper de ses enfants, de son travail, et désormais de ses parents. Mais avec l'économiste Hippolyte d'Albis, nous proposons une autre hypothèse : si on est moins heureux alors, c'est parce qu'entre 35 et 55 ans, nous vivons une période où l'inégalité de revenus est la plus forte. Mis en concurrence, on se compare, on se classe. Vous vous souvenez de la phrase de Jacques Séguéla ? « Si à 50 ans on n'a pas une Rolex, on a raté sa vie... »

Et peut-on parler d'une géographie du bonheur ?

Oui, il y a une grande différence entre les métropoles et les zones de désertification où les gens se disent qu'ils sont laissés-pour-compte. On trouve même des villes particulièrement malheureuses : les villes moyennes entre

20 000 et 100 000 habitants. Quand ferment les services publics, la supérette, le cabinet du gynécologue, les gens sentent que leur avenir et celui de leurs enfants sont compromis. Or, ce qui compte, c'est d'avoir des perspectives.

Quel rôle joue l'argent dans notre bien-être ? Vos travaux dévoilent un paradoxe : les Français croient être une population idéaliste qui aime la culture, les musées et les valeurs. En fait, le revenu est déterminant !

En effet, le revenu du ménage compte plus en France qu'ailleurs. Les Français ont la particularité d'attendre beaucoup de l'État pour les protéger. Or, ils réalisent avec angoisse qu'aujourd'hui l'État est à la peine. Face au risque, ils sont soucieux de pouvoir constituer leur propre matelas de sécurité.

Si l'on aime dire que l'argent ne fait pas le bonheur, c'est donc moins vrai en France qu'ailleurs ?

On peut le dire comme ça.

Second grand paradoxe : si les Français s'angoissent d'un malheur public, ils sont plus sereins pour leur vie privée…

Oui, les Français sont très négatifs pour tout ce qui concerne l'avenir du pays et l'économie. En revanche, dès lors qu'il s'agit de la sphère privée, de la famille, ils sont plus positifs. Cela traduit un niveau d'exigence très élevé vis-à-vis de leur pays qui génère une insatisfaction.

Les Français sont nostalgiques d'une époque dorée. Mais ce bonheur français a-t-il déjà existé ?

C'est le mythe des Trente Glorieuses, une époque où chaque génération gagnait plus que la précédente. On oublie qu'il y avait aussi alors de nombreuses divisions sociales. Lorsqu'on demande aux Français dans quelle époque ils aimeraient vivre, un tiers répond « aujourd'hui ». Moins de 5 % répondent « dans l'avenir » ! En revanche, les années 1980, d'avant Internet, la mondialisation et la libéralisation financière, sont très populaires.

Est-ce parce que la mondialisation a été pour nous un choc plus violent que pour d'autres ?

Au contraire. La France reste ce pays dans lequel la protection sociale est élevée, la redistribution forte, l'école et la santé gratuites. Mais il est vrai que pour nous adapter, nous avons cherché à modifier ce modèle, avec de la décentralisation, de la délégation de compétences. Sauf que nous nous sommes trop souvent arrêtés au milieu du gué. L'université est un exemple parfait : on garantit l'autonomie des facs par la loi, mais sans leur donner des moyens suffisants. L'éducation est devenue un problème majeur. Si les gens sont stressés, c'est aussi parce qu'ils savent qu'ils ne sont pas forcément formés pour s'en sortir dans cette concurrence mondiale.

La politique du « quoi qu'il en coûte » pendant la pandémie, avec l'État qui a mis des milliards sur la table, a-t-elle pu tranquilliser les Français ?

Elle aurait dû. Les Français auraient dû se rendre compte que, malgré la chute d'activité, l'État a préservé les emplois, les entreprises et les revenus. Ils auraient dû réaliser que c'est extraordinaire, mais ils sont sortis de cet épisode avec une énorme frustration, et l'impression qu'il existe une élite qui a abandonné le peuple.

La perception des Français est-elle biaisée ?

Il y a une distorsion réelle. Les Français se représentent leur société de façon polarisée, avec au sommet des individus riches, et en bas des individus pauvres : soit en sablier, soit en pyramide. Or, lorsque vous leur demandez de se situer dans ce paysage, les plus riches se placent en classe moyenne supérieure ; les plus pauvres, en classe moyenne inférieure. Bref, tout le monde se voit dans la classe moyenne mais se représente une société qui l'aurait éliminée !

Notre état d'esprit négatif est-il réversible ?

Il faut l'espérer, et nous avons des pistes. Il faut discipliner la mondialisation comme on a commencé à le faire, en appliquant la taxe carbone aux frontières de l'Union européenne ou en imposant une fiscalité aux entreprises multinationales. Et puis, remonter en compétences est vraiment indispensable : il faut donner aux gens la possibilité de trouver une dignité par le travail, et l'espoir que leurs enfants auront une bonne place. Enfin, il faut organiser davantage de débats et de concertations au niveau des communes, des régions ou en ligne. Les gens doivent se sentir à nouveau impliqués dans les décisions. À ce moment-là, ils cesseront de dire « ils font ceci ; ils font cela », pour dire de nouveau « nous ».

Entretien réalisé le 11 mai 2022

HS

LIBRES ET ÉGAUX EN QUOI ?

LA FRANCE, UNE SOCIÉTÉ INÉGALITAIRE ?

CHRISTIAN CHAVAGNEUX | MARC VIGNAUD

LE PROBLÈME

La France est une société d'inégalités croissantes

LES REVENUS

Certes, l'écart de revenus entre riches et pauvres est moins important en France qu'en Allemagne, et surtout qu'en Chine ou aux États-Unis. Mais tout de même, chez nous, les 10 % les plus riches gagnent sept fois plus que les 50 % les plus pauvres. Cet écart est réduit à quatre fois plus, après impôts.

LE PATRIMOINE

Les véritables inégalités ? Celles qui posent un problème social ? C'est du côté du patrimoine qu'elles se trouvent, de la richesse accumulée sous forme de logements et de titres financiers. Là, les 10 % les plus riches détiennent soixante fois ce que possèdent les 50 % du bas de l'échelle. Et ça s'aggrave : cet écart a doublé depuis la fin des années 1980. Si l'on se concentre sur les 1 % les plus riches, ils détiennent à eux seuls plus d'un quart (27 %) du patrimoine total. Pour donner une idée, quand la gauche gagne les élections en 1981 et qu'elle instaure un

Les inégalités scolaires et de patrimoine minent le pacte social

LA MOBILITÉ SOCIALE

Si notre pays souffre d'un problème d'inégalités, c'est avant tout un problème d'inégalités des chances plutôt que d'inégalités économiques. La France fait partie des États où le poids des origines sociales pèse le plus lourd sur les compétences scolaires. Comme le relève l'économiste Guillaume Bazot, la mobilité sociale est parmi les plus faibles des pays de l'OCDE (Organisation de coopération et de développement). Sur 100 hommes dont le père appartient aux 25 % les plus modestes, seuls 15 réussissent à se hisser parmi les 25 % les plus aisés…

LE PATRIMOINE

Sur ce point, je suis d'accord avec Christian, les inégalités de patrimoine s'accentuent. La part du patrimoine hérité augmente depuis le début des années 1970 au point de représenter 60 % du patrimoine total contre 35 % à l'époque, selon le Conseil d'analyse économique (CAE). La tendance est commune à tous les pays développés

CHRISTIAN CHAVAGNEUX

impôt sur la fortune pour lutter contre les inégalités, les 1 % les plus aisés détenaient 17 % du patrimoine total…

L'ENVIRONNEMENT
Dernier point de constat : les plus riches sont les plus gros pollueurs. Chaque Français émet en moyenne 8,7 tonnes de CO_2. En revanche, la moitié la moins riche de la population n'en émet que 5 tonnes : un niveau satisfaisant pour rester dans les clous de l'Accord de Paris sur le climat. À l'inverse, les 10 % les plus riches rejettent 25 tonnes et les 1 % jusqu'à 77,5 tonnes (jets privés compris) ! Il faudrait que les premiers divisent leurs émissions par deux et les seconds les diminuent de 60 % pour rester sous les 2 °C. Comme l'impression qu'ils ne vont pas le faire naturellement…

MARC VIGNAUD

mais elle semble particulièrement forte en France. Or, ce type d'inégalités est particulièrement nocif parce qu'il ne tient compte en rien des compétences ou du mérite de chacun.

LES IDÉES REÇUES

« Les justifications des plus aisés pour continuer à accumuler »

« LE PARTAGE DE LA RICHESSE EST STABLE »
C'est ce qu'on entend. En France, il n'y aurait pas de quoi s'indigner puisque le partage des richesses entre salaires et profits reste stable, ce qui n'est pas le cas dans une majorité des grands pays industrialisés où il a évolué en défaveur des salariés. Ce constat est statistiquement juste mais il se heurte aux limites du raisonnement macroéconomique. Prétendre que le total des salaires demeure au même niveau ne dit rien de leur répartition. Selon les données de Proxinvest, sur la période 2010-2019, la rémunération des PDG des 120 plus grosses entreprises a progressé de 32 %. Aucun salarié n'a connu une telle augmentation ! Et si le salaire mensuel moyen est 20 % plus élevé que le salaire médian, c'est surtout parce qu'une partie de salariés privilégiés tirent la moyenne vers le haut.

« Les inégalités sont fortes »

« LES INÉGALITÉS SONT PLUS ÉLEVÉES EN FRANCE QUE CHEZ NOS VOISINS »
« La France n'est pas le pays le moins bien loti en termes d'inégalités. On dépense un pognon de dingue pour maintenir un modèle social qui, dans la plupart des domaines, fonctionne mieux qu'ailleurs. » Celui qui tient ce propos, en référence à la petite phrase de début de quinquennat d'Emmanuel Macron, c'est Louis Morin, le président de l'Observatoire des inégalités. Il figure parmi les meilleurs spécialistes du sujet et Christian pourra difficilement l'accuser d'être de droite. On peut essayer de nier la réalité, mais en termes de revenus, les inégalités sont relativement faibles. Les comparaisons internationales sont claires par rapport aux autres, la France n'est pas un pays inégalitaire ! Le rapport entre les revenus des 10 % les plus riches et les 10 % les plus pauvres et l'indice de Gini (un autre indicateur classique des inégalités) sont tous les deux inférieurs à la moyenne de l'Union européenne et à celle de la zone euro.

CHRISTIAN CHAVAGNEUX

« Y A QU'À TRAVAILLER PLUS »
Il suffirait donc de travailler plus pour s'enrichir ? Faux. On ne devient pas vraiment riche par son travail : les écarts de revenus restent faibles après impôts, bien plus faibles que les écarts de fortune. Les vrais riches détiennent des titres financiers (actions, obligations), ce qui leur permet de toucher des intérêts et des dividendes. Et là, c'est banco : sur les vingt dernières années, les dividendes versés par le CAC 40 ont progressé de 269 % mais seulement 1,7 % des foyers fiscaux ont reçu 97 % des revenus financiers. C'est l'un des rares moments où il vaut mieux être dans la minorité !

« IL FAUT ACCEPTER DE PRENDRE DES RISQUES »
Il faudrait avoir le goût du risque pour s'élever dans l'échelle sociale ? Selon le magazine *Forbes*, pourtant, 80 % des milliardaires français sont des héritiers. Au moins, les riches investissent leur fortune ? Certes, mais beaucoup à l'étranger ou alors dans de la finance spéculative, non pour servir l'économie nationale.

« IL FAUT VISER L'ÉGALITÉ DES CHANCES »
Laissez tomber les impôts : pour faire en sorte que tout le monde démarre dans la vie avec les mêmes chances, on donne à tous une bonne éducation et tout ira bien, dit Marc. Le problème, c'est qu'ensuite les plus riches courent en ligne droite, alors que les autres entament une course de haies : pas les bonnes écoles, pas les bons réseaux…

MARC VIGNAUD

Les inégalités sont aussi moins élevées de ce côté du Rhin qu'en Allemagne.

« LES INÉGALITÉS DE REVENUS S'AGGRAVENT »
C'est faux. Le rapport interdécile, comme disent les économistes, nous enseigne qu'en 1980, le revenu minimum pour appartenir au club des 10 % des Français les plus riches était, après impôts et prestations sociales, 3,5 fois plus élevé que le revenu maximum touché par les 10 % les plus pauvres. Quarante ans plus tard, en 2020, il était de 3,4. On ne peut vraiment pas parler d'une aggravation… Récemment, l'Insee a essayé de mesurer l'impact des services publics (école gratuite et système de soins, par exemple) sur les inégalités. Le résultat est impressionnant : avant impôts et transferts sociaux, le niveau de vie des 10 % les plus riches atteint 13 fois celui des 10 % les plus pauvres. Après impôts et allocations, ce rapport tombe à 7. En prenant en compte la redistribution opérée grâce aux services publics, il chute même à… 2,4. On voit là la force du modèle social français qui n'est pas fondé uniquement sur la redistribution monétaire !

LA SOLUTION

Être prêt à payer le prix d'une société apaisée

RÉDUIRE LES INÉGALITÉS DE SALAIRES
Le salaire n'est pas seulement un prix sur un marché, il est le marqueur d'un contrat social. Cela fait un moment maintenant que ce contrat évolue de manière inégalitaire. Les premières mesures à prendre consistent à accroître les salaires, dans le public et

Combattre l'inégalité des chances

TAXER DAVANTAGE LES TRANSMISSIONS DE PATRIMOINE
Ce serait une bonne solution pour éviter que l'on redevienne une société balzacienne. Sauf que les Français y sont très hostiles car ils considèrent l'héritage comme le fruit légitime d'une vie

CHRISTIAN CHAVAGNEUX

dans le privé, en commençant par les plus bas (SMIC). Il faut également développer les services publics (éducation, santé...) qui interviennent fortement dans la réduction des inégalités, c'est un point d'accord avec Marc.

ACCROÎTRE LES TAXES SUR LES REVENUS DU CAPITAL ET L'HÉRITAGE

Réduire les inégalités de patrimoine réclame d'abord de mettre les moyens pour lutter plus efficacement contre l'optimisation fiscale agressive des plus aisés. Puis d'accroître la taxation des revenus du capital (sur les intérêts, les dividendes, les plus-values). Et bien sûr, il faut taxer plus fortement l'héritage, d'autant que c'est là l'un des rares consensus parmi les économistes. La France devient de plus en plus une société d'héritiers. Une société moins inégalitaire réclame enfin de revenir sur les nombreuses niches et exemptions fiscales (assurance vie, biens professionnels, plus-values sur les actifs financiers qui disparaissent au moment de la transmission et ne sont jamais taxées...). Elles entretiennent et augmentent de manière structurelle les inégalités.

MARC VIGNAUD

de travail. Ils oublient qu'ils sont loin d'en bénéficier tous : le patrimoine hérité médian tout au long de la vie plafonne à 70 000 euros. Beaucoup ne touchent rien, ou quasiment rien ! De ce point de vue, l'élection présidentielle de 2017 a été une formidable occasion manquée d'augmenter la taxation des plus grosses transmissions en fonction des sommes reçues tout au long de la vie par chaque individu. Emmanuel Macron avait osé réduire l'impôt sur la fortune en 2018, qui présentait de nombreux défauts, un boulevard s'offrait à lui pour toucher en parallèle aux gros héritages...

RÉFORMER LE SYSTÈME ÉDUCATIF

Malgré tout, le combat contre les inégalités en France doit essentiellement passer par une meilleure égalité des chances. En appeler sans cesse à davantage de dépenses ne suffira pas : la France fait déjà partie des pays qui investissent le plus dans le système éducatif. Certes, les moyens doivent être renforcés dans les écoles défavorisées et les formations qui débouchent sur une meilleure insertion sur le marché du travail doivent être développées. Mais l'essentiel du problème vient du fonctionnement du système éducatif. Comme le montrent les comparaisons de l'OCDE, il faut donner plus d'indépendance aux établissements scolaires pour s'organiser et recruter des enseignants mieux formés. La réforme du lycée professionnel, qui brasse chaque année quelque 700 000 élèves, sera décisive. Il faut fermer les formations qui débouchent trop souvent sur du chômage.

Du côté des inégalités de genre dans la sphère professionnelle, ça va un peu mieux. Mais l'heure n'est pas encore venue où hommes et femmes sableront ensemble le champagne pour fêter l'égalité. Pourquoi ? Parce que les progrès sont moins rapides pour les moins diplômées. Et parce qu'il y a des chances que la bouteille ait auparavant été achetée par une femme, puis que les coupes soient rincées… par une femme.

42 %

C'est la proportion de femmes cadres. Depuis 1982, elle a été multipliée par deux. Et lorsqu'il s'agit de recruter, pour un premier entretien, les employeurs ne donnent plus, comme il y a vingt ans, la préférence à un candidat mais à une candidate. Une manière d'accélérer la convergence vers la parité ?

3

Trois entreprises du CAC 40 sont dirigées par des femmes en 2022 : Engie, Veolia et Orange. Une première pour ce club très fermé. En interne, le pouvoir économique se conquiert grâce à la volonté politique et aux quotas. La loi Copé-Zimmermann a installé 40 % de femmes dans les conseils d'administration. Prochaine étape : les instances dirigeantes des grandes entreprises, comités exécutifs ou de direction. Votée en décembre 2021, la loi Rixain y impose également 40 % de femmes, à l'horizon 2030.

28 %

En 2021, 28 % des femmes en emploi travaillent à temps partiel contre 8,3 % des hommes. Y sont-elles contraintes ou l'ont-elles choisi ? En tout cas, c'est l'une des principales raisons qui expliquent les écarts de salaires.

37 %

En proportion, **les femmes sont désormais plus nombreuses que les hommes à travailler avec des horaires atypiques** (37 % contre 35 %), c'est-à-dire le soir, la nuit ou le week-end. Le phénomène touche en particulier celles qui n'ont pas de diplôme, et il s'est même accentué dans les années 2010. Les ouvrières et employées non qualifiées font aussi plus souvent face à des journées discontinues (périodes de travail séparées d'au moins 3 heures) et des horaires imprévisibles (connus un jour à l'avance ou moins).

63 %

C'est, pendant le premier confinement dû à la crise du Covid au printemps 2020, **la proportion de mères d'enfants de 6 à 10 ans** (ceux qui demandaient aussi le plus d'école à la maison) **qui ont passé au moins 4 heures par jour à s'occuper d'eux.** Seuls 37 % des pères ont opéré un tel investissement de leur temps ! Même logique pour le partage des tâches ménagères : elles en ont fait plus. En 2010, on a calculé que les femmes effectuent près des deux tiers des tâches ménagères. Du temps de travail gratuit… Ce qui aura un impact à la retraite.

–40 %

Carrières hachées, temps partiel, moindre rémunération et travail domestique gratuit, tout cela fait boule de neige au moment de prendre sa retraite. Avec 1 050 euros brut par mois en moyenne, **la pension de droit direct des femmes (avant réversion) est inférieure de 40 % en moyenne à celle des hommes** (1 667 euros). Les écarts se réduisent cependant au fil des générations, du fait de l'amélioration des carrières féminines. La prise en compte des avantages accessoires, de la réversion et du minimum vieillesse, réduit aussi cet écart. Au final, les femmes perçoivent une pension inférieure de 28,4 %.

–16 %

Les chercheuses Céline Bessière et Sibylle Gollac ont mis en lumière **l'augmentation des inégalités de patrimoine entre les hommes et les femmes.** Entre 1998 et 2015, l'écart a augmenté de 9 % à 16 %. Le patrimoine des hommes s'est donc accru plus vite que celui des femmes. Séparations, divorces et héritages, voici les moments où le partage du capital se joue, souvent au détriment des épouses, des compagnes et des filles.

Sources : Insee / Ined / IPP / Drees

Les discriminations à l'embauche

À MOINS DE 25 ANS, PUIS-JE ESPÉRER UN CDI ?

C'est pas gagné ! CDD, apprentissage, intérim... deviennent de plus en plus un passage obligé pour les 15-24 ans. Selon le ministère du Travail, 60 % d'entre eux ont trouvé leur premier boulot sous le signe de la précarité en 2020, contre 46 % en 1995. Un coup d'œil sur la carte de France de l'Observatoire des territoires révèle que cette proportion de jeunes en sous-emploi atteignait même 100 % à Léguillac-de-l'Auche près de Bordeaux ou à Dernancourt dans le Nord, en 2021. Après avoir dû travailler pendant ses études, comme quasiment la moitié des étudiants (46 %), et commencé avec un petit salaire tout en habitant toujours chez ses parents (57 % des moins de 25 ans en emploi sont des Tanguy), pouvons-nous enfin considérer que cette longue période de bizutage est terminée ? Oui, pour une grande partie des jeunes, surtout pour les plus diplômés. Mais pas pour une fraction d'entre eux qui vont rester abonnés aux contrats courts. L'horizon s'éclaircit progressivement pour les 25-54 ans, mais s'obscurcit à nouveau pour les seniors. En entreprise, il ne faut être ni trop jeune, ni trop vieux.

SAMIRA OU CLÉMENTINE... MON PRÉNOM EST-IL TOUJOURS UN FREIN À L'EMBAUCHE ?

Plus que jamais. La discrimination liée aux origines ethniques reste en France parmi les plus tenaces. Études et testings vont tous dans le même sens : mieux vaut s'appeler Chloé que Farida pour décrocher un job. Et ça commence avant l'entrée sur le marché du travail. Les étudiants maghrébins en quête d'un master reçoivent 13 % de réponses positives en moins que leurs *alter ego* avec un nom français, pointe le rapport de l'Observatoire national des discriminations et de l'égalité dans le supérieur, publié en février 2022.

À la demande du gouvernement, un testing réalisé auprès d'une centaine d'entreprises en 2019 confirme que les candidats d'origine nord-africaine ou perçus comme tels ont en moyenne 20 % de convocations à un entretien en moins que ceux qui portent un patronyme à consonance française. Comment sortir d'une telle impasse ? Le CV anonyme a montré de piètres résultats. Voté en 2006, jamais entré en vigueur faute de décret, il a finalement été rendu non obligatoire en 2015. Mieux mesurer ces discriminations, alors que les statistiques ethniques sont interdites en France, est une demande forte des chercheurs qui plaident aussi pour former les managers à traquer sans relâche les stéréotypes.

DOIS-JE RÉVÉLER MON HANDICAP AU TRAVAIL ?

La reconnaissance de la qualité de travailleur handicapé (RQTH) possède évidemment des avantages. Ce statut permet de bénéficier d'allocations, d'aides à l'insertion et de l'obligation d'emploi des travailleurs handicapés (OETH) qui ouvre la voie à des aménagements de poste. Les entreprises de 50 personnes et plus sont en effet tenues de recruter 6 % de salariés en situation de handicap sous peine de sanctions. Ce qui pousse d'ailleurs certains employeurs à demander à leurs employés de révéler un handicap qu'ils n'auraient pas déclaré.

Mais ai-je tout intérêt à officialiser une maladie psychique ou un cancer chronique ? Se taire est parfois une stratégie pour éviter d'être ostracisé. Et les chiffres ne sont pas engageants. Le taux d'emploi des personnes handicapées demeure anormalement bas (35 %) et leur taux de chômage, qui n'a cessé d'augmenter, est deux fois plus élevé que celui du reste de la population. Les rassurer suppose de changer le regard du management sur le handicap.

En parler ou pas ? Ces salariés LGBT+ qui refusent l'invisibilité

PAR
JÉRÉMIE YOUNES

EN FRANCE, LE SUJET DE L'INCLUSION DES PERSONNES LGBT+, SUJET AUSSI SOCIAL QU'ÉCONOMIQUE, ÉMERGE DEPUIS LES ANNÉES 2000, AVEC UNE ACCÉLÉRATION DANS LA DÉCENNIE 2010. APRÈS LES ÉTATS-UNIS QUI ONT ÉTÉ PRÉCURSEURS, DES RÉSEAUX PRIDE SE SONT MIS À ESSAIMER EN EUROPE. CE NE SONT PAS LÀ LES SEULS OUTILS POUR DÉVELOPPER L'INCLUSION : UNE CHARTE D'ENGAGEMENT EXISTE AUSSI, PROPOSÉE PAR L'AUTRE CERCLE, ASSOCIATION DE RÉFÉRENCE SUR LE SUJET. EN ENTREPRISE, DIRE QUI ON EST, QU'EST-CE ÇA PEUT CHANGER ?
Réunion de salariés du réseau Pride@BCG.
BONJOUR À TOUS, ON VA DONC PROFITER DE CETTE RÉUNION HEBDOMADAIRE POUR PARLER DE DIFFÉRENTES ACTIONS.

LE MOIS DE JUIN C'EST LE MOIS DES FIERTÉS.
06
POUR RAPPEL, L'ANNÉE DERNIÈRE ON AVAIT CRÉÉ UN ÉVÉNEMENT QUI ÉTAIT UN TRAINING ANIMÉ PAR NOS AMIS AMÉRICAINS.
06
IL Y A DES QUESTIONS, PAR EXEMPLE SUR LA MULTIPLICATION DES PRONOMS AU-DELÀ DU IL ET DU ELLE, AVEC MAINTENANT IEL ET IELLE.
ON VOIT ÇA DANS LES SIGNATURES DE MAIL, ET IL Y A UN BESOIN DE COMPRENDRE UN PEU POURQUOI… C'EST BIEN !
THOMAS DELANO, ENCHANTÉ. JE SUIS DIRECTEUR ASSOCIÉ AU BOSTON CONSULTING GROUP, À PARIS. POUR MOI, IL N'Y A RIEN DE PIRE QU'UNE ORGANISATION OÙ IL Y A QUELQU'UN DE TRÈS HAUT PLACÉ DONT TOUT LE MONDE SAIT QU'IL OU ELLE EST LGBT+, ET QUI NE LE DIT PAS.

ÇA RENVOIE À L'HYPOTHÈSE QUE CE N'EST PAS UN ENDROIT OÙ L'ON PEUT EN PARLER.
IL NE S'AGIT PAS DE RAMENER SA SEXUALITÉ AU TRAVAIL, CE N'EST ABSOLUMENT PAS LE DÉBAT. MAIS SIMPLEMENT POUVOIR PARLER DE SA VIE, C'EST IMPORTANT.
LES LGBT+ VIVENT CE QUE J'APPELLE LE COMING OUT PERMANENT. PAR EXEMPLE, VOUS RACONTEZ VOTRE WEEK-END À UN COLLÈGUE, VOUS VOUS DEMANDEZ : « EST-CE QUE JE DOIS UTILISER UN AUTRE PRÉNOM POUR CACHER QUE, EN FAIT, JE SUIS EN COUPLE AVEC UN HOMME OU UNE FEMME ? EST-CE QUE JE MENS PAR OMISSION ? » TOUT ÇA PREND UNE ÉNERGIE QUE VOUS NE METTEZ PAS DANS VOTRE TRAVAIL ! C'EST POUR ÇA QU'AUJOURD'HUI L'ENTREPRISE DOIT PERMETTRE À TOUS D'ÊTRE AUTHENTIQUE.
ELLE
iL
MÊME LES CHIFFRES SONT EN FAVEUR DE CETTE INCLUSION. LES ENTREPRISES QUI SONT PLUS DIVERSES ONT PLUS DE CHIFFRE D'AFFAIRES RÉALISÉ AU TRAVERS DE L'INNOVATION.
ELLES SONT AUSSI PLUS PROFITABLES QUE LES AUTRES : SEPT POINTS DE MARGE DE DIFFÉRENCE !
MARGE

ET MOI POUR ÊTRE CONSULTANT, DES PDG QUI TUERAIENT PÈRE ET MÈRE POUR AVOIR SEPT POINTS DE MARGE EN PLUS, J'EN CONNAIS PAS MAL.
MARGE
À la BNP : mise en place d'une « charte d'engagement ».
BONJOUR JE SUIS CAROLINE COURTIN, LA RESPONSABLE DIVERSITÉ, ÉGALITÉ ET INCLUSION DU GROUPE BNP PARIBAS.
EN 2015, NOUS AVONS SIGNÉ LA CHARTE DE L'AUTRE CERCLE POUR NOS COLLABORATEURS LGBT+. NOUS NOUS ENGAGEONS À METTRE EN PLACE DES FORMATIONS ET DES ACTIONS DE SENSIBILISATION.
AU MOMENT DE LA SIGNATURE ET DE NOTRE ENGAGEMENT, BEAUCOUP DE MESSAGES SONT ARRIVÉS, NOTAMMENT DE CLIENTS QUI MENAÇAIENT DE FERMER LEURS COMPTES. CES MESSAGES NOUS ONT MONTRÉ L'IMPORTANCE D'AFFIRMER HAUT ET FORT QUE L'HOMOPHOBIE, LA BIPHOBIE, LA TRANSPHOBIE N'ONT PAS LEUR PLACE DANS L'ENTREPRISE.

AUJOURD'HUI, NOUS AVONS UN RÉSEAU LGBT+ ET ALLIÉS QUI S'APPELLE BNP PARIBAS PRIDE. CERTAINS DE SES COLLABORATEURS ONT DES « RÔLES MODÈLES ». CELA PERMET À CHACUN DE POUVOIR S'IDENTIFIER À TOUS LES NIVEAUX DE L'ENTREPRISE.
BOSS
SOUS BOS
PETIT CHE
COLLÈGU
MOI
À la rencontre de L'Autre Cercle.
CATHERINE TRIPON, BIENVENUE, JE SUIS LA PORTE-PAROLE DE L'AUTRE CERCLE, UNE ASSOCIATION QUI FÊTE SES 25 ANS EN 2022.
AU DÉBUT, ON A FAIT UN TRAVAIL DE PÉDAGOGIE, ON A VRAIMENT RAMÉ, PRÊCHÉ DANS LE DÉSERT.
ON A TRAVAILLÉ AVEC LES SYNDICATS, AVEC LES DRH. ET EN JANVIER 2013, NOUS AVONS LANCÉ CETTE CHARTE D'ENGAGEMENT, CO-CONSTRUITE AVEC LES ENTREPRISES. AUJOURD'HUI ON COMPTE PRÈS DE 180 SIGNATAIRES PUBLICS ET PRIVÉS. ON FAIT UN VRAI BOULOT PRÉPARATOIRE D'ENTRETIENS, DE PLANS D'ACTIONS AVEC UN SUIVI PUISQUE LA CHARTE EST SIGNÉE POUR TROIS ANS. ET À LA FIN, NOUS DEMANDONS UN BILAN. IL FAUT TOUJOURS ÊTRE TRÈS ATTENTIF MÊME SI DES DROITS SONT ACQUIS, ILS NE LE SONT JAMAIS TOTALEMENT.

VOTRE ASSOCIATION A AUSSI CRÉÉ UN BAROMÈTRE QUI FAIT PARTIE DES RARES OUTILS QU'ON A POUR MESURER LES LGBTPHOBIES AU TRAVAIL. ACTUELLEMENT, QUELLE EST LA SITUATION ?
PLUS D'UNE PERSONNE INTERROGÉE SUR QUATRE DÉCLARE AVOIR SUBI DES DISCRIMINATIONS LIÉES À SON ORIENTATION SEXUELLE SUR SON LIEU DE TRAVAIL. C'EST CONSIDÉRABLE.
DANS UNE ENTREPRISE QUI A MIS EN PLACE LA CHARTE, ÇA SE LIMITE EN GÉNÉRAL AU PREMIER NIVEAU DE COMPORTEMENTS LGBTPHOBES, DONC DES MAUVAISES BLAGUES, UN PEU DE MISE À L'ÉCART… EN REVANCHE, QUAND IL N'Y A PAS DE POLITIQUE, PAS D'ACTION, ON TOMBE DANS DES PROPOS PLUS VIOLENTS, DU HARCÈLEMENT, DU REJET.
Témoignage anonyme sur l'appli FLAG!, association LGBT+ des ministères de l'Intérieur et de la Justice.
« J'AI SOUVENT ÉTÉ ATTAQUÉ PAR DES PROPOS HOMOPHOBES DE MES PATRONS ET COLLÈGUES DE TRAVAIL ET JE ME SUIS DÉJÀ ÉNERVÉ PLUSIEURS FOIS. ACTUELLEMENT, JE SUIS HOSPITALISÉ EN PSYCHIATRIE PARCE QUE JE N'EN POUVAIS PLUS DE CES PROPOS. JE NE SAIS PAS DU TOUT SI JE VAIS RETOURNER TRAVAILLER APRÈS MA SORTIE. »

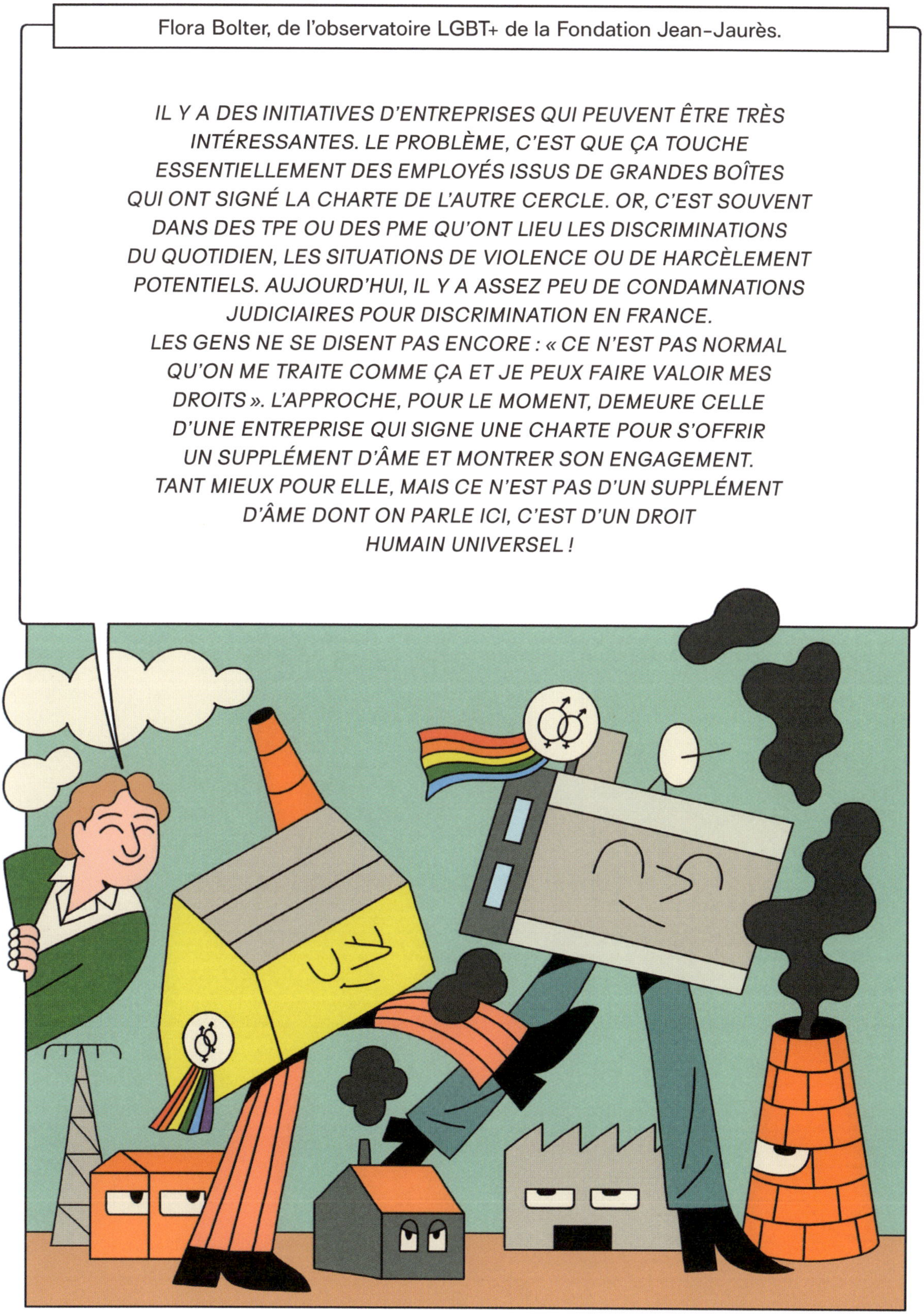

Reportage diffusé le 23 avril 2022

ÇA S'EST BIEN PASSÉ AU BOULOT AUJOURD'HUI ?

28,2M

ACTIFS SALARIÉS

ACTIFS AUTRES

C'est le nombre de personnes en emploi en France.
Parmi elles, 25,2 millions de salariés.

ACTIFS SALARIÉS

ACTIFS AUTRES

CHÔMEURS CATÉGORIE A

CHÔMEURS ACTIVITÉ RÉDUITE

15 - 29 ANS SANS EMPLOI, NI ÉTUDES, NI FORMATION

RESTE DE LA POPULATION

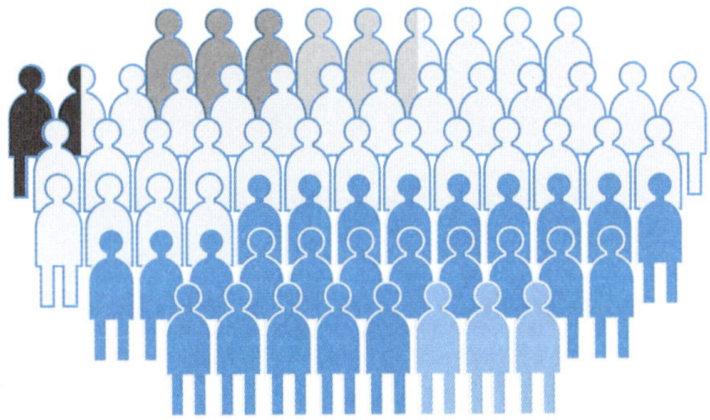

POPULATION FRANÇAISE **67,8M**

7,4 %

C'était le taux de chômage, au sens du Bureau international du travail, au deuxième trimestre 2022. Oui, la courbe du chômage s'est inversée ! Cela s'est passé lentement, à partir de 2015, pendant le quinquennat Hollande. Quelle part relève de la politique ? Quelle part résulte de la conjoncture et de la démographie ? En tout cas, cette décrue replace le mot « plein-emploi » dans le débat. Depuis 1982, le taux de chômage n'est jamais descendu sous les 7 %. Alors, 6 %, 5 % ou même 4 % de chômage, est-ce un horizon possible ?

2,944 M

C'est le nombre d'inscrits à Pôle emploi au deuxième trimestre 2022, en catégorie A, c'est-à-dire qui ne travaillent pas du tout. Il s'agit pourtant du plus bas niveau depuis dix ans. Si on inclut les demandeurs d'emploi en activité réduite, on atteint les 5,152 millions. En clair, plus de 5 millions de personnes n'arrivent toujours pas à travailler suffisamment pour subvenir à leurs besoins.

1,5 M

des 15-29 ans ne sont aujourd'hui ni en emploi, ni en études, ni en formation. Ce sont ceux que les économistes surnomment les NEET (pour *Neither in employment nor in education or training*).

Sources : BIT / Insee

ÊTRE DIPLÔMÉ

Passe ton master d'abord ! Il suffit de comparer : **les diplômés du supérieur vivent le plein-emploi,** avec un chômage à 5,3 %. Tout l'inverse des actifs qui ont au mieux le brevet des collèges : pour eux, le taux grimpe à 14,4 %. Encore plus parlant : en 2020, le taux de chômage des ouvriers était trois fois supérieur à celui des cadres.

ÊTRE UN HOMME

Longtemps, pour trouver sa place sur le marché du travail, mieux valait être un homme. Jusqu'à la crise de 2008, les hommes ont eu nettement plus de chances que les femmes de trouver un emploi. Mais depuis, le taux de chômage des unes et des autres tend à se rapprocher, autour de 7 %. Cette égalité statistique est une nouvelle tendance.

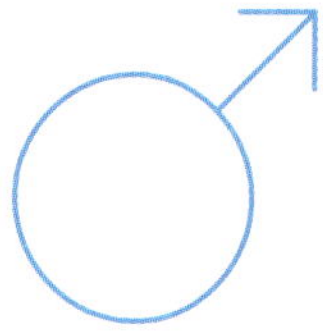

NE PAS ÊTRE TROP JEUNE

Dur dur d'entrer tôt sur le marché du travail. Plus qu'avant, il faut enchaîner stages, CDD et parfois des périodes sans boulot. **L'âge moyen d'accès à un premier emploi stable est passé de 20 ans en 1975 à 27 ans en 2019.** Et le taux de chômage des 15-24 ans atteint 18,9 % en 2021, deux fois plus qu'au milieu des années 1970. Attention quand même à ne pas noircir le tableau : il s'agit du chiffre du chômage pour les actifs, qui ne tient pas compte de la masse de jeunes encore sur les bancs de l'école ou de la fac.

NE PAS ÊTRE TROP VIEUX

En presque vingt ans, le taux d'emploi des seniors a énormément progressé : parmi les 55-64 ans, un peu plus de 56 % travaillent aujourd'hui, contre seulement 37 % en 2003. Problème ? **Les Français sortent toujours plus vite du marché du travail que les Allemands ou les Danois.** Cela s'explique : conditions de travail, formation, propositions d'embauche... Il existe bel et bien une discrimination liée à l'âge !

Sources : CESE / OCDE / Dares / Insee / Eurostat

QUELLES POLITIQUES CRÉENT VRAIMENT DES EMPLOIS ?

Les yeux rivés sur la courbe du chômage, les gouvernements cherchent en permanence la martingale pour lui faire un sort définitif. Avec, selon leur couleur politique, une prédilection pour certaines mesures.

CHÔMAGE PARTIEL ET GARANTIE D'EMPLOI

Avant même de songer à doper la dynamique de l'emploi, l'État est parfois appelé à jouer les pompiers. Lors de la pandémie de Covid-19, il a dégainé l'arme du chômage partiel. Pour éviter les licenciements dans les entreprises à l'arrêt, l'État et l'assurance chômage ont versé aux employeurs une allocation couvrant 70 %, voire la totalité selon les cas, de la rémunération du salarié. La facture de ce volet du « quoi qu'il en coûte » ? 36 milliards d'euros à la fin de l'été 2021 (sur un total de 133 milliards de mesures de soutien d'urgence). Faut-il aller un cran plus loin dans ces politiques contracycliques, qui stimulent l'économie lorsqu'elle ralentit et la freinent quand elle s'emballe ? Non, répondent les économistes libéraux. Oui, plaident les économistes hétérodoxes qui adhèrent à la proposition de l'Américaine Pavlina Tcherneva de créer une *garantie d'emploi universelle*. L'État proposerait à tous ceux qui le souhaitent un emploi rémunéré au SMIC dans les secteurs de la transition écologique ou des services à la personne. Un modèle où l'État est employeur en dernier ressort, inspiré par le New Deal de Roosevelt. Lors de la Grande Dépression des années 1930, plus de dix millions d'Américains au chômage avaient ainsi été embauchés dans le cadre de grands travaux publics. Plus proches de nous, l'Argentine et l'Inde ont également tenté cette expérience, avec des succès divers.

CONTRATS AIDÉS ET APPRENTISSAGE SOUS PERFUSION

Aujourd'hui, les TUC évoquent surtout des biscuits apéritifs. Mais les moins jeunes se souviennent qu'en 1984, ils renvoyaient aux « travaux d'utilité collective » créés par Laurent Fabius pour contrer le chômage des jeunes. Le début de quarante ans d'emplois aidés : emplois-jeunes, contrats d'avenir, contrats initiative emploi, contrats de solidarité, PEC, CUI-CAE… ! Le principe est simple : l'État verse une aide financière à l'employeur, dans le secteur marchand ou non marchand, pour favoriser l'embauche. Instrument privilégié des gouvernements de gauche, ceux de droite y ont néanmoins recours eux aussi. Au-delà des débats sur l'efficacité et le coût de ces dispositifs, deux choix politiques s'affrontent. Le premier camp salue l'utilité sociale et l'impact positif sur l'insertion des personnes en difficulté pour réduire le chômage à court terme. Le second juge que les sommes allouées par l'État doivent être fléchées ailleurs, vers le soutien aux entreprises ou à l'apprentissage.

En 2021, un record de 720 000 contrats d'apprentis a d'ailleurs été atteint grâce aux très fortes subventions publiques accordées aux employeurs. Un bémol ? Ceux qui auraient le plus besoin de s'insérer sur le marché du travail ne sont pas forcément ceux qui trouvent une alternance…

ALLÉGER LES « CHARGES » DES ENTREPRISES

Payer moins de cotisations et d'impôts pour recruter plus… Les cercles patronaux n'ont eu de cesse de répéter que c'était frappé au coin du bon sens ! Ils ont d'ailleurs eu l'oreille des gouvernements, de droite surtout, mais aussi de gauche. Dès 1977, les entreprises ont été exonérées de cotisations sociales si elles embauchaient un jeune. S'en sont suivis, en 1993, les allègements Balladur et Juppé qui ont baissé le coût du travail pour les bas salaires ; les lois Aubry pour financer la réduction du temps de travail en 1997 ; les heures supplémentaires défiscalisées de Nicolas Sarkozy en 2007… Sans oublier, en 2013, le crédit d'impôt pour la compétitivité et l'emploi (CICE) accordé aux entreprises. Mis en place par François Hollande, il sera ensuite transformé en baisse de cotisations pérenne. Dernière cible en date du patronat : la baisse des impôts de production…

En 2018, les aides aux entreprises représentaient l'équivalent de 5,6 % du PIB. Ce chiffre a augmenté de 215 % sur un tout petit peu plus de dix ans. En comparaison, sur la même période, les aides sociales, elles, ont crû de seulement 31 % ! Alors, alléger les charges des entreprises vaut-il la peine ? Les exonérations sur les bas salaires peuvent avoir un effet positif sur la préservation et la création d'emplois faiblement qualifiés. En revanche, les résultats du CICE – qui cible les salaires jusqu'à 2,5 fois le SMIC – sont beaucoup plus décevants. Tout dépend donc du niveau de salaire, mais aussi de la conjoncture, du périmètre et des contreparties… essentielles pour éviter les effets d'aubaine.

RÉDUIRE LE TEMPS DE TRAVAIL

Attention psychodrame ! Jamais une politique n'aura autant déchaîné les passions que les 35 heures, y compris dans le camp de la gauche qui en a été pourtant à l'initiative à l'aube des années 2000. Une mauvaise réputation d'autant plus injustifiée que c'est la mesure qui a créé le plus d'emplois. Selon l'Insee et la Dares, le service statistique du ministère du Travail, les 35 heures sont responsables de 350 000 emplois supplémentaires sur la période 1998-2002. Et ce boom n'est pas dû à la seule croissance : sur la période, il n'y a jamais eu autant de créations d'emplois par point de PIB supplémentaire.

Les opposants redoutaient que, avec les 35 heures, les salariés prennent trop goût au farniente ? Faux. La productivité ne s'est pas écroulée. Elle a même augmenté grâce à la modulation des horaires en fonction des périodes de forte ou de faible activité. Ce qui a aussi évité aux entreprises de payer trop d'heures supplémentaires. Par ailleurs, la modération salariale qui a suivi la mise en place des 35 heures a empêché le coût du travail d'augmenter.

Certes, la « RTT » pour tous façon Martine Aubry (détricotée dès 2002) n'est pas exempte de critiques. Appliquée trop vite, elle a pu provoquer des surcharges de travail et sa mise en place à l'hôpital a été un fiasco. Pour autant, la réduction du temps de travail est une recette qui peut marcher. L'Espagne, la Nouvelle-Zélande, l'Islande ou encore le Royaume-Uni testent de nouvelles formules, plus souples, sous la forme de la semaine de 4 jours.

UBERISATION

C'est à partir de 2015 qu'apparaît ce terme en France, à un moment où le phénomène qu'il désigne s'étend, de Uber qui concurrence les taxis à Airbnb qui bouscule les hôtels. Les clients sont séduits par ces plateformes qui se multiplient. Celles-ci opèrent grâce à des applications et font concurrence aux entreprises classiques avec leur modèle économique qui emploie des indépendants et non des salariés. Ainsi, elles proposent des services équivalents à des tarifs plus faibles. Leur avantage compétitif se fait donc au bénéfice du consommateur, mais aux dépens de la société. Qui doit payer pour la protection sociale de leurs travailleurs, lorsqu'ils sont malades, au chômage ou ont eu un accident ? Depuis quelques années, la justice s'en mêle. L'Union européenne s'en inquiète et certains « néo-tâcherons » (rémunérés à la tâche) se révoltent. Même si tous ne veulent pas devenir salariés…

Polarisation

D'un côté, des salariés stables, de l'autre des précaires alternant contrats courts (de plus en plus courts) et périodes de chômage. La tendance est de plus en plus nette. Le marché du travail est bousculé mais pas complètement bouleversé : **La forme d'emploi reste largement le salariat.** En 2021, 73,7 % des personnes occupant un emploi sont soit en CDI, soit fonctionnaires.

APPRENTISSAGE

La voie de garage, le repoussoir ? C'est fini. Fin 2021, l'OFCE (Observatoire français des conjonctures économiques) estimait à environ 900 000 le nombre de contrats d'apprentissage en cours, contre seulement 478 000 deux ans plus tôt. Pourquoi ce grand bond en avant ? Une réforme en 2018, de généreuses primes aux entreprises, la reprise économique. Seul problème : le coût très élevé pour les finances publiques, s'inquiètent les économistes…

Le télétravail

PUIS-JE EXIGER DE TRAVAILLER À DISTANCE ?

Non, je ne peux pas imposer le télétravail à mon employeur. Et ça va dans les deux sens : mon chef ne peut m'obliger à rester à la maison qu'en cas de force majeure. Autrement dit, le télétravail repose sur le double volontariat des salariés et des employeurs. Et si bosser dans le salon finit par me sortir par les yeux, un retour en arrière est également possible. Ces clauses de réversibilité sont très présentes dans les accords, avenants et chartes qui ne cessent de croître. Alors que 3 à 7 % des salariés télétravaillaient régulièrement avant le confinement, cette proportion a pu atteindre 35 % à 40 % pendant la crise sanitaire. Elle est retombée depuis mais on ne reviendra pas à l'étiage d'avant 2020 : le télétravail s'est installé dans nos vies. D'où l'intérêt d'en faire un objet de dialogue social et d'en définir les limites : nombre de jours télétravaillés, possibilité de le faire depuis un lieu de vacances, droit à la déconnexion, mesure de la charge de travail... Car trop de télétravail et d'isolement nuit à la santé.

MON PATRON DOIT-IL PAYER LA CARTOUCHE D'ENCRE ?

Ordinateur, logiciels, imprimante, Internet, téléphone, électricité, chauffage, fauteuil ergonomique... La facture liée au télétravail peut vite devenir salée. Mon entreprise est-elle tenue de la régler ? À question prosaïque, réponse juridique plus compliquée. Auparavant, c'était simple : les salariés pouvaient prendre appui sur l'accord national interprofessionnel (ANI) de 2005. Cet accord, applicable à toutes les entreprises, précisait bien que l'employeur avait l'obligation de régler tous les frais découlant directement de l'exercice du télétravail. Mais, en 2017, le télétravail a fait son entrée directement dans le Code du travail par une ordonnance précisant que dorénavant, l'employeur n'est plus obligé de rembourser ces frais, à moins qu'un accord ou qu'une charte prévoie le contraire. Retournement de situation : en novembre 2020, un nouvel ANI a confirmé la prise en charge mais il reste flou sur le détail des frais à rembourser et n'est ni prescriptif ni contraignant. Il devient donc compliqué de sanctionner un patron qui refuse de payer tout ou partie des frais. Le télétravail promet de belles passes d'armes judiciaires. Mais avec la crise sanitaire, beaucoup de directions ont préféré prendre les devants. Elles proposent des forfaits aux salariés, à raison de quelques dizaines d'euros par mois, pour couvrir ces dépenses.

TRAVAILLER LOIN, C'EST TRAVAILLER MOINS ?

Au fond de son canapé, un salarié ne serait-il pas tenté de regarder une série plutôt que de remplir des tableurs Excel ? Quel employeur ne s'est pas au moins une fois posé cette question ? Les manageurs français, très attachés à la verticalité des relations hiérarchiques, ont longtemps considéré, et c'est toujours un peu le cas, que le présentiel est le plus sûr moyen de contrôler l'activité des employés.

Les études sur la productivité des télétravailleurs devraient pourtant les rassurer. L'impact positif varierait de 5 % à 30 %, voire serait nul selon certaines d'entre elles.

Indépendants ou salariés, quel avenir pour les livreurs à vélo ?

PAR THOMAS GIRAUDEAU

LES GÉANTS DE LA LIVRAISON DE REPAS SONT ARRIVÉS EN FRANCE VERS 2015. ET DÈS 2018, ONT ESSAIMÉ DES CONTRE-MODÈLES. CEUX-CI – UNE QUARANTAINE D'ORGANISATIONS DE COURSIERS À VÉLO, À GRENOBLE, NANTES, BORDEAUX – CHERCHENT À PRENDRE LE CONTREPIED DES DELIVEROO, UBER EATS ET CONSORTS. DERRIÈRE CES PROJETS, SE CACHENT DES PETITS POUCETS QUI N'ONT PAS FORCÉMENT LES MOYENS DE SALARIER TOUS LEURS LIVREURS. CERTAINS FONT ENCORE TRAVAILLER DES INDÉPENDANTS. MAIS TOUS PARTAGENT UN MÊME DÉSIR : DÉCONNECTER DES GRANDES PLATEFORMES. QUITTER LE TRAVAIL À LA TÂCHE, D'ACCORD, MAIS EST-CE VIABLE ÉCONOMIQUEMENT ?
Adrien le livreur qui aime être salarié de la coopérative Sicklo, à Grenoble.
JE M'APPELLE ADRIEN, J'AI 25 ANS, J'AI TRAVAILLÉ UN AN ET DEMI AVEC DELIVEROO. ET LÀ, ÇA FAIT UN PEU PLUS D'UN AN QUE JE SUIS AVEC SICKLO EN TANT QUE COURSIER.
JE SUIS EN CDI ET À 24H PAR SEMAINE POUR L'INSTANT. JE GAGNE ENVIRON 830 €, 850 €.

QU'EST-CE QUE ÇA CHANGE D'ÊTRE EN CDI ?
ON EST PROTÉGÉ. ON A UNE ASSURANCE. PAR EXEMPLE, J'ÉTAIS TOMBÉ ET J'AVAIS UN KYSTE AU NIVEAU DU COUDE QUI M'A EMPÊCHÉ DE DÉPLIER MON BRAS PENDANT SIX SEMAINES.
J'AI QUAND MÊME TRAVAILLÉ PARCE QUE JE N'AVAIS PAS LE CHOIX.
TANDIS QUE LÀ, AVEC SICKLO,
ON BÉNÉFICIE DES ARRÊTS MALADIE, DES CONGÉS.
C'EST QUAND MÊME PAS MAL !

MOI, C'EST ROMAN. JE SUIS COGÉRANT-FONDATEUR DE SICKLO. CHEZ NOUS, PAS D'AUTO-ENTREPRENEURS : TOUT LE MONDE EST SALARIÉ ! ON Y MET UN POINT D'HONNEUR. ON A BIEN VU QUE CE N'ÉTAIT PAS POSSIBLE AVEC LES PLATEFORMES DE FAIRE CHANGER LEUR MODÈLE. DONC ON A DÉCIDÉ DE CRÉER LE NÔTRE.
AUJOURD'HUI, 60 % DE NOTRE CHIFFRE D'AFFAIRES, CE SONT LES LIVRAISONS DE REPAS, C'EST CE QU'ON APPELLE LA FOODTECH. ON A 60 RESTAURANTS PARTENAIRES. LE RESTE, CE SONT DES COURSES POUR LES ARTISANS OU LES SUPERMARCHÉS.
POURQUOI DEVEZ-VOUS FAIRE D'AUTRES TYPES DE LIVRAISONS QUE LA RESTAURATION ?
C'EST NÉCESSAIRE DANS UN MODÈLE SALARIAL. PARCE QUE LA FOODTECH, C'EST UNE ACTIVITÉ QUI EST TRÈS CONCENTRÉE SUR CERTAINES PLAGES HORAIRES, LE MIDI ET LE SOIR. AVEC LES AUTRES LIVRAISONS, ON PEUT OFFRIR À NOS LIVREURS DES HORAIRES PLUS CONVENABLES.

ON EST À L'ÉQUILIBRE ET ON DÉGAGE MÊME UN PETIT PEU DE BÉNÉFICES. À NOTRE ÉCHELLE, SUR GRENOBLE, ON NE VA PAS REMPLACER LES GRANDES PLATEFORMES, CERTES. MAIS ON CRÉE UNE ALTERNATIVE… ET ON ESSAIE DE PRENDRE DES PARTS DE MARCHÉ !

CE MODÈLE SALARIAL NE SÉDUIT PAS TOUS LES LIVREURS. D'APRÈS UNE ÉTUDE DE 2021 RÉALISÉE SUR 500 LIVREURS DANS LE NORD-EST DE PARIS, UNE GRANDE MAJORITÉ APPRÉCIE L'INDÉPENDANCE. MAIS ILS DÉCLARENT AUSSI TRAVAILLER EN MOYENNE BIEN PLUS QUE 35 H : 6 À 7 JOURS PAR SEMAINE. ET POUR UNE RÉMUNÉRATION À LA COURSE AU FINAL INFÉRIEURE AU SMIC BRUT.

Vani, le livreur qui veut rester indépendant, à La Défense.
VANI, 34 ANS DÉJÀ. JE TRAVAILLE AVEC DELIVEROO DEPUIS 6 ANS SUR LE SECTEUR DE LA DÉFENSE.
MOI, CE QUE J'APPRÉCIE VRAIMENT, C'EST LA FLEXIBILITÉ.
C'EST VRAIMENT MERVEILLEUX DANS LE SENS OÙ ON PEUT TRAVAILLER À LA MINUTE PRÈS.
ON PEUT SE CONNECTER QUAND ON VEUT.
PARMI LES LIVREURS QUE J'AI CROISÉS, AUCUN NE M'A DIT VOULOIR ÊTRE SALARIÉ. PAR CONTRE, LA PLUPART VOUDRAIENT UNE MEILLEURE FACTURATION ET BEAUCOUP PLUS DE COURSES.

LE PRIX DES COURSES A BAISSÉ CES DERNIÈRES ANNÉES ?
OUI, ET ON PARLE DE ÇA TOUS LES JOURS AVEC LES COLLÈGUES. C'EST HORRIBLE. ON EST À PEINE AU SMIC.
CE QUE J'AIMERAIS, C'EST QU'ON AIT UNE RÉMUNÉRATION CORRECTE, GAGNER SUFFISAMMENT POUR POUVOIR PAR EXEMPLE VOIR VENIR EN CAS D'ACCIDENT.
LAETITIA DABLANC, DIRECTRICE DE RECHERCHE À L'UNIVERSITÉ GUSTAVE-EIFFEL ET SPÉCIALISTE DE LA LOGISTIQUE ET DES PLATEFORMES DE LIVRAISON.

Reportage diffusé le 19 mars 2022

LES FRANÇAIS TRAVAILLENT-ILS ASSEZ ?

CHRISTIAN CHAVAGNEUX | MARC VIGNAUD

LE PROBLÈME

On manque plus d'emplois que de travail !

ON TRAVAILLE PLUS QUE LES ALLEMANDS

Juste avant la pandémie, en 2019, les gens avec un boulot travaillaient en moyenne 1511 heures dans l'année en France, contre 1743 heures dans les pays de l'OCDE (Organisation de coopération et de développement). En Espagne, au Portugal, en Grèce, en Irlande, sans même parler des États-Unis ou encore de la Corée du Sud (près de 2000 heures !), on travaille partout davantage qu'en France. Enfin, ce n'est pas tout à fait juste : en Allemagne, un pays régulièrement donné en exemple, la durée moyenne annuelle du travail est plus faible qu'en France (1383 heures) et cela fait longtemps que c'est comme ça.

MAIS IL N'Y A PAS ASSEZ DE GENS AVEC UN EMPLOI

Le nombre de personnes qui ont un emploi est plus faible en France que dans le reste de l'Europe : voilà notre problème. Cela concerne notamment les 15-24 ans, même si l'année 2021 a montré une belle hausse en ce domaine due en partie aux

Un déficit global de travail

UNE PRÉFÉRENCE POUR LES LOISIRS

Olivier Blanchard, ancien chef économiste du Fonds monétaire international (FMI), considère que « la France a fait le choix de plus de loisirs sous la forme de vacances plus longues, de retraites plus précoces ». « Les Français qui travaillent le font autant que dans les autres pays de l'OCDE, mais (ils) sont moins souvent employés et travaillent aussi moins longtemps sur la durée de leur vie, ce qui nuit à la fois à leur pouvoir d'achat et à leur retraite », détaille Antoine Goujard, économiste à l'OCDE, dans un post de blog de l'institution. Qu'elles soient salariées ou non salariées, les personnes en emploi travaillent moins, sur l'année, que dans la moyenne des pays de l'OCDE, comme le montrent les chiffres de Christian (1511 heures). Les cadres, notamment, jouissent davantage de jours de repos, en cumulant leurs congés et leurs RTT. Au total, ceux-ci « s'élevaient à 32 jours en France contre 25 pour la moyenne européenne en 2014 », selon une note de la direction générale du Trésor de 2019.

CHRISTIAN CHAVAGNEUX

sommes versées par le gouvernement aux entreprises pour embaucher des alternants. Mais c'est surtout la tranche des 55-64 ans pour laquelle la France affiche de mauvais résultats : en 2021, 56,1 % des personnes concernées avaient un emploi contre 62 % dans l'OCDE.

MARC VIGNAUD

DES ACTIFS TROP PEU NOMBREUX PAR RAPPORT À LA POPULATION TOTALE

Lorsqu'on ajoute les inactifs et les chômeurs, le volume de travail global de la France s'avère plus faible qu'ailleurs. Le taux d'emploi, soit le nombre de personnes employées rapporté à la population de 15 à 64 ans, est inférieur à la moyenne de l'OCDE. Comment l'expliquer ? Essentiellement par le faible taux d'emploi des jeunes et des seniors. Au 4e trimestre 2021, seuls 33,7 % des 15-24 ans étaient en emploi, contre 42 % en moyenne dans l'OCDE, malgré une remontée récente en France. Parmi les 55-64 ans, 56,1 % des Français occupent un travail, contre 62 % dans l'OCDE. En revanche, c'est vrai, la France fait mieux que la moyenne du club des pays avancés sur les personnes de 25 à 54 ans.

LES IDÉES REÇUES

« Chaque personne doit travailler plus »

« LES SALARIÉS N'EN FONT PAS ASSEZ »

En plein XXIe siècle, le monde idéal des organisations patronales françaises reste celui dans lequel les salariés travaillent le plus longtemps possible en coûtant le moins cher possible. Ils ont trouvé des relais auprès de certains gouvernements qui ont défiscalisé les heures supplémentaires, mis en place des mécanismes pour contourner les 35 heures et se sont opposés à toute forme de réduction du temps de travail. La même logique nourrit la volonté de réduire la protection sociale. La baisse des allocations chômage est censée inciter les profiteurs du système à reprendre le travail plus vite ; le recul de l'âge de la retraite doit nous faire travailler plus longtemps… alors même que les entreprises regardent les seniors d'un mauvais œil !

« Les Français devraient travailler moins »

« LES FRANÇAIS TRAVAILLENT PLUS QUE LES AUTRES »

Certains préfèrent se focaliser sur la durée hebdomadaire de travail habituelle, hors congés et RTT. Et c'est vrai que selon cet indicateur, les Français travaillent autant que la moyenne européenne. Et ce, malgré les 35 heures, qui peuvent être contournées par les forfaits jours pour les cadres et travailleurs autonomes ou encore les heures supplémentaires. La durée hebdomadaire de travail habituelle atteint 36,1 heures dans l'Hexagone, « un niveau proche de la moyenne européenne » de 36,3 heures, constate l'étude de la direction du Trésor. Cette durée est même inférieure en Allemagne avec 34,3 heures ou aux Pays-Bas avec moins de 30 heures ! Mais, comme on l'a vu plus haut, cela n'empêche pas la France de connaître un déficit global de travail sur l'année ou tout au long de la vie !

CHRISTIAN CHAVAGNEUX

« LES GENS VEULENT TRAVAILLER ! »
On connaît l'ambiguïté du rapport au travail : il permet à chacun et à chacune de se réaliser et de se sociabiliser ; et, en même temps, il aliène notre force de travail et notre temps de vie. Pour celles et ceux qui subissent le chômage ou le temps partiel, l'objectif est d'accroître le temps de travail. D'autres, au contraire, rêvent d'en sortir. Les enquêtes du ministère de la Santé indiquent que l'âge idéal de départ en retraite pour les salariés français se situe à 60 ans et quelques mois – c'est plus tôt que dans de nombreux pays européens.

MARC VIGNAUD

« IL FAUT RÉDUIRE LE TEMPS DE TRAVAIL »
Alors que les Français travaillent moins, au global, que les autres, la solution de Christian consiste à réduire encore le temps passé au boulot ! Cherchez l'erreur… L'argument du mouvement séculaire de réduction du temps de travail ne tient pas. Cette réduction n'a été possible que grâce à l'augmentation de la productivité, augmentation qui ne cesse de ralentir. Les pays qui font travailler plus de monde ont aussi souvent un taux de chômage plus bas, comme l'Allemagne, ce qui montre que l'idée du partage du travail vantée par Christian (plus de gens en emploi qui travaillent moins) est loin de fonctionner quand ce mouvement va trop vite. Si les Français considèrent que leur pouvoir d'achat n'est pas assez élevé, il faut qu'ils travaillent plus ou que la productivité progresse plus vite. Mais la productivité dépend de nombreux facteurs qu'on ne maîtrise pas aussi bien…

LA SOLUTION

Réduire le temps de travail

UNE RÉDUCTION SÉCULAIRE
Le temps de travail connaît une tendance historique à la baisse. En France, aujourd'hui, on travaille environ deux fois moins qu'en 1900, c'est-à-dire autour de 1 500 heures par an en moyenne contre 3 000 heures il y a un peu plus d'un siècle. C'est le privilège des économies riches. Puisqu'on produit plus efficacement, on peut se permettre de travailler moins et de s'enrichir collectivement.

LA RTT POUR L'EMPLOI OU LE THÉORÈME DE HUSSON
Marc cite souvent le Prix de la Banque de Suède en économie Jean Tirole, son héros. À mon tour ! Pour notre économiste distingué, les partisans de la RTT pensent que le travail existe en quantité fixe, ce qui les incite à réclamer son partage. Une bêtise car, des emplois, il s'en crée

Augmenter le volume global de travail dans l'économie

RECULER L'ÂGE DE DÉPART EN RETRAITE
En France, la durée de vie passée à la retraite figure parmi les plus élevées de l'OCDE. Elle atteint 25 ans, soit 5 ans de plus que la moyenne ! Faut-il allonger les carrières ? Les Français doivent, en tout cas, être conscients des conséquences d'un volume de travail global plus faible. Cela revient à limiter le financement du système de retraite par répartition, mais aussi de tous les autres systèmes sociaux (chômage, etc.), puisque ce sont autant de cotisations sociales qui ne rentrent pas dans les caisses.
Retarder progressivement l'âge de départ n'augmenterait pas le nombre d'années passées au chômage, comme l'a montré une étude de la direction générale du Trésor sur les conséquences

CHRISTIAN CHAVAGNEUX

en permanence. Or Jean Tirole fait « une erreur élémentaire de logique en confondant deux choses : la « fixité » de l'emploi et la « fixité » du nombre total d'heures travaillées » explique mon héros à moi, l'économiste Michel Husson.
Par définition, le volume de travail dans une économie est obtenu en multipliant les effectifs employés par la durée annuelle du travail. En France, au début des années 1960, ce volume était d'environ 41-42 milliards d'heures. Aujourd'hui, il est d'environ... 42-43 milliards d'heures. Si le nombre d'emplois n'est pas en quantité fixe, il semble bien que celui du nombre d'heures de travail le soit à peu près.
Et pourtant, entre 1960 et aujourd'hui, avec cette même quantité fixe de travail, et alors même que le travail a été de plus en plus efficace, la France a créé environ 11 millions d'emplois. Comment ? Par la réduction du temps de travail de tous. La conclusion de Michel Husson peut donc être qualifiée de « théorème de Husson » : le volume de travail varie peu, seul le partage du travail permet de créer des emplois sur une longue période. Et si on veut simplifier à l'extrême, on peut dire avec l'économiste que 10 % de réduction du temps de travail = 10 % d'emplois en plus. Si l'on veut réduire le chômage, les salariés doivent travailler moins, pas plus.

MARC VIGNAUD

de la réforme de 2010 qui a décalé l'âge de départ de 60 à 62 ans. Les entreprises se sont adaptées, même si elles se débarrassent encore trop tôt de leurs seniors. Des solutions existent pour éviter qu'elles ne le fassent. Cela passe par des retraites plus progressives, des changements de postes de travail, des fins de carrière avec des rémunérations éventuellement plus faibles et centrées sur les transmissions de compétences, comme dans les pays du nord de l'Europe.

MIEUX INSÉRER LES JEUNES PEU QUALIFIÉS SUR LE MARCHÉ DU TRAVAIL

Il faut d'urgence développer les formations comme l'apprentissage qui permettent une meilleure insertion sur le marché du travail des jeunes les moins qualifiés. Une réforme du lycée professionnel, pour rapprocher les formations des besoins des entreprises, est aussi indispensable.

L'État, c'est moi

Hormis notre obsession pour la bonne bouffe, notre passion pour Jean-Jacques Goldman et Sophie Marceau et ce savoureux esprit critique qui tend parfois à l'auto-dépréciation, qu'avons-nous en commun ? Des routes, des hôpitaux, des écoles et des universités, un système de retraites et d'assurance chômage. Autant de services et de filets de sécurité que nous nous offrons.

Ailleurs, d'autres pays choisissent des voies différentes, préférant miser un maximum sur le marché et la responsabilité individuelle. Le modèle social français, bâti dans la foulée de la Seconde Guerre mondiale, a fait, lui, des dépenses mutualisées son squelette. Huit décennies plus tard, c'est ce fonctionnement qui est interrogé par ceux qui ne le trouvent plus suffisamment protecteur, pas assez efficace, comme par ceux qui le jugent trop cher et estiment que l'État-providence est devenu trop lourd à porter.

Aujourd'hui, qu'attendons-nous de l'État et que sommes-nous prêts à lui donner, pour faire société ? Voilà la question clé. Le hic, c'est qu'en France, les impôts ont bien plus mauvaise presse que Sophie Marceau… Et augmenter davantage les prélèvements obligatoires, afin de financer la solidarité nationale et la protection sociale, est rarement une mesure mise en avant dans les programmes électoraux, et encore plus rarement plébiscitée dans les enquêtes d'opinion. Notre consentement à l'impôt a été aussi fragilisé par les crises et les problèmes de pouvoir d'achat.

Du grand âge à la transition écologique, les défis, eux, n'attendent pas. À l'heure de la fin de l'argent facile, l'équation est d'autant plus explosive que la dette publique n'a jamais été aussi élevée qu'à la sortie de la pandémie de Covid-19. Si on souhaite investir pour préparer demain et que les futures générations puissent être, elles aussi, couvertes par ce modèle, qui doit payer ?

SORTEZ COUVERTS !

« Cette idée que notre modèle social coûte trop cher est mortifère »

LAURENT BERGER
Secrétaire général de la CFDT

Laurent Berger est le patron du premier syndicat de France, privé et public confondus, qui compte plus de 600 000 adhérents. Passé par la Jeunesse ouvrière chrétienne, élu à la tête de la centrale réformiste pour la première fois en 2012, ce fils d'un ouvrier des chantiers navals de Saint-Nazaire possède des dizaines de carnets Moleskine dans lesquels il consigne au fur et à mesure de ses visites de terrain « ce que les gens vivent et ce qu'ils veulent changer ». Défenseur du rôle des syndicats et du dialogue social, il s'est toutefois opposé, ces dernières années, à la réforme de l'assurance chômage et au report de l'âge légal de la retraite.

Pourquoi avons-nous l'impression qu'aujourd'hui, notre modèle social est fragile ?

Il est à mon sens soumis à une double pression. D'une part, les inégalités grandissent au sein de la société et frappent les travailleurs indépendants, les précaires, les citoyens éloignés des services publics ou ayant un accès réduit à notre système de protection sociale. D'autre part, certains ont une vision purement comptable de ce modèle, et ne perçoivent pas la richesse qu'il produit. En considérant que la fiscalité est un gros mot, les gouvernements successifs, toutes étiquettes confondues, nous ont mis dans l'impasse.
Si notre système social est menacé aujourd'hui, c'est parce qu'on ne se pose pas suffisamment la question de la contribution des uns et des autres à ce bien commun.

Comment créer un modèle social du XXIe siècle ?

Il faut le repenser. Auparavant, vous aviez 10 000 ouvriers sur des sites industriels, tous couverts par une complémentaire santé collective. Aujourd'hui, vous avez 10 000 salariés répartis dans tout le secteur du commerce autour de la même zone géographique, mais tous ne sont pas couverts à l'identique. C'est pour cela qu'à la CFDT, nous avons pris position pour une complémentaire santé obligatoire payée à 50 % minimum par l'employeur. Un autre enjeu majeur, c'est l'accès aux droits : les citoyens doivent être davantage accompagnés pour les faire valoir.

Certains estiment cependant que ce modèle pèse trop lourd, qu'il entrave les entreprises et l'économie…

Cette idée que ça nous coûte trop cher est mortifère. Ce n'est pas que de la dépense : c'est aussi de l'investissement ! Ceux qui critiquent ce modèle sont les mêmes qui hurlent quand il n'y a pas de remplaçant pour la classe de leurs enfants à l'école. Je ne dis pas qu'il faut « raser gratis », je suis pour maîtriser les dépenses publiques. Mais attention, à force de dire que l'hôpital public ou l'éducation nous coûtent trop cher, on les affaiblit alors que, de toute façon, ceux qui contribuer davantage se débrouilleront toujours pour se payer un bon système, en faisant appel au privé par exemple.

Et à l'avenir, quels sont les défis que nous devons prendre en compte ?

La dépendance bien sûr et la lutte contre la pauvreté. Un enfant sur cinq est aujourd'hui en situation de pauvreté dans notre pays ! Et puis, la lutte contre le réchauffement climatique qui va amener de profondes transformations. Elle impose de couvrir de nouveaux risques mais également d'accompagner des mutations indispensables. Nous militons par exemple pour la prise en charge à 100 % de la reconversion de salariés impactés par la transition écologique. Nous avons besoin de systèmes collectifs pour ne pas laisser chacun se débrouiller seul et lutter contre le sentiment d'abandon.

Ces nouveaux besoins, il faudra les financer. Qui va payer ?

D'abord, il faut que chacun continue à payer des impôts, en ayant à l'esprit que l'impôt le plus juste reste l'impôt sur le revenu et le plus injuste, la TVA. Et puis, il faut imposer les revenus du capital au même niveau que les revenus du travail. En 2022, le salaire moyen des patrons du CAC 40 atteint 7,4 millions, en grande partie en salaire variable. Il ne faut pas avoir peur de dire que ceux qui font sécession sont parfois davantage les riches que les autres ! Ils ne veulent pas forcément contribuer au bien commun. Ce qui ne veut pas dire qu'ils doivent être les seuls à payer des impôts. Par exemple, à la CFDT, nous pensons que la taxation sur les successions doit s'appliquer à tous, dès le premier euro. Si on fait ainsi, ça ne coûte quasiment rien aux familles modestes. Mais comme dans notre pays, 10 % de la population détient 50 % du patrimoine, cela touche davantage cette frange de la population et rapporte beaucoup.

Depuis des années, votre centrale, comme toutes les organisations syndicales, connaît une érosion de ses adhérents. Les syndicats peuvent-ils disparaître ?

Oui, le syndicalisme est mortel s'il ne se réinvente pas. En 2022, nous avons fait une enquête sur l'engagement qui montre deux choses importantes. D'abord, il faut sans doute que les organisations syndicales s'ouvrent à de nouvelles formes d'engagement. On doit pouvoir être syndicaliste sans être forcément représentant du personnel. Ensuite, l'enquête montre que lorsqu'on est engagé, on est plus heureux. On a l'impression d'avoir davantage de prise sur les choix qui nous concernent. Dans une société fatiguée qui a du mal à créer du commun, ça devrait nous faire réfléchir.

À l'automne 2018, les Gilets jaunes n'ont pas eu besoin des syndicats pour surgir…

Cela répondait à une situation sociale réelle, à la révolte des travailleurs pauvres. Et ça, on l'avait dit. Relisez ma lettre ouverte au président de la République en mai 2017, ça s'appelait « Partagez le pouvoir ! ». Je le mettais en garde : les inégalités nous minent et les disparités territoriales sont en train de mettre à bas le pacte républicain. Nous sentions monter les colères, mais ce qui a été surprenant, c'est le mode d'action, le meilleur coup marketing des cinquante dernières années : enfiler un Gilet jaune pour s'identifier. En revanche, en termes de valeurs, le mouvement a pris pour une part sur un terreau idéologique qui n'est pas le nôtre. Une partie des leaders des Gilets jaunes s'est opposée à toutes les mesures sanitaires contre le Covid-19, et une part d'entre eux est contre l'IVG.

Quelle leçon avez-vous néanmoins retenue de ce mouvement ?

Cette volonté d'avoir prise sur les choix qui nous concernent doit pouvoir exister. Mais on n'a pas encore trouvé la bonne articulation entre ce besoin de participation des citoyens, au niveau local comme national, et la démocratie représentative, issue d'une élection, qui est évidemment suprême. C'est ce sur quoi il faut travailler.

Êtes-vous confiant ?

Oui, parce qu'il existe une prise de conscience des grands enjeux de notre époque. Je vois cela comme un triptyque : la lutte contre les inégalités, la nécessité de la transition écologique et la restauration d'une vitalité démocratique. Tout cela va ensemble et ce qui me rend optimiste, c'est qu'il y a déjà beaucoup de solidarité grâce à des citoyens engagés, et de nombreuses actions menées par les associations et les organisations collectives. Maintenant, nous avons besoin de remettre partout des espaces de négociation et de confrontation des points de vue. Les Français considèrent que le compromis est plus fructueux que l'affrontement stérile, j'en suis persuadé.

Entretien réalisé le 5 juillet 2022

L'assurance chômage

COIFFEURS ET COURSIERS ONT-ILS DROIT AU CHÔMAGE ?

Depuis 2018, les travailleurs indépendants peuvent bénéficier de l'assurance chômage. Enfin... en théorie. Pour toucher les 800 euros d'allocation pendant six mois maximum, il leur fallait jusque-là cocher tellement de cases ! Avoir exercé une activité non salariée pendant deux ans au sein d'une même entreprise, avoir subi une liquidation ou un redressement judiciaire, avoir tiré de cette activité un minimum de 10 000 euros par an... Autant dire que ce filet de sécurité ne permettait qu'à très peu de personnes de rebondir sur le marché de l'emploi. Au point que, fin 2021, on ne comptait que 1 173 bénéficiaires de l'allocation travailleur indépendant (ATI). Un fiasco.
Pour rectifier le tir, le plan indépendants adopté en janvier 2022 en a assoupli les conditions : justifier seulement d'une déclaration de cessation d'activité et avoir enregistré une baisse de 30 % de son revenu fiscal. Pour autant, le montant de l'ATI pourra, selon les cas, être inférieur à 800 euros. Pour les artisans, commerçants, auto-entrepreneurs et autres professionnels libéraux, c'est encore loin d'être Byzance.

EST-ON TROP GÉNÉREUX AVEC LES CHÔMEURS ?

C'est le sempiternel débat des repas de famille. Si le cousin Jean-Marc ne touchait pas des allocs aussi confortables, ça ferait belle lurette qu'il aurait retrouvé un travail ! Sauf que durcir le système de l'assurance chômage n'incite pas les chômeurs à trouver un emploi plus vite. Les études convergent : inquiets pour leur avenir, ils ont évidemment tendance à réactiver plus fortement leurs recherches en fin de droits. Mais cela les incite surtout à accepter des boulots pour lesquels ils sont surqualifiés, privant d'autres chômeurs de jobs à leur portée, sans forcément faire baisser le taux de chômage. Ce dernier dépend d'autres facteurs : dynamisme de la croissance, démographie, compétences des candidats, exigences des employeurs...
Vous pourrez vous montrer catégorique au prochain déjeuner dominical avec tata Jacqueline : non, les demandeurs d'emploi ne partent pas en vacances avec leurs allocs. La fraude est marginale (5,5 % des contrôles). Quant aux abandons de recrutement, faute de candidats, Pôle emploi les chiffre à 6 % pour 2021. Une paille.

POURQUOI MES ALLOCS ONT-ELLES BAISSÉ ?

Le changement de calcul du salaire journalier de référence (SJR) qui sert à déterminer mon allocation est le gros morceau de la réforme de l'assurance chômage de 2019. Depuis octobre 2021, sont prises en compte toutes les périodes travaillées, mais aussi non travaillées. Résultat, plus les délais sont importants entre deux boulots, plus le montant de mon indemnité va baisser. Auparavant, ceux qui enchaînaient les CDD percevaient, par rapport à des salariés à temps partiel, une allocation deux fois plus importante mais sur une période deux fois plus courte. C'est terminé. Ils touchent une indemnité plus faible mais sur une période plus longue. Ce qui fait dire aux promoteurs de la réforme que le capital de droits reste identique. Et aux détracteurs que justement, peu les utilisent jusqu'au bout. En effet, 63 % des chômeurs retrouvent un job avant d'avoir épuisé tous leurs droits.
Avec tous les autres volets de la réforme, ce système générera 2,3 milliards d'euros d'économie par an, touchant plus durement les chômeurs abonnés aux contrats courts. La réforme, qui devrait être suivie/complétée par de nouvelles règles de modulation des droits en fonction de la conjoncture, est censée faire en sorte que le travail paie plus que le chômage. Pourtant, avant comme après celle-ci, il n'a jamais été possible de gagner plus au chômage qu'en travaillant.

ÉTATS-UNIS

Chers Français,

Oh my God, *cette news du 12 août 2022, l'avez-vous eue ? Les prix des médicaments, un souci majeur pour nous, Américains, vont baisser. L'insuline pourrait devenir plus abordable. À partir de 2026, Medicare, notre assurance maladie pour les plus de 65 ans, pourra enfin négocier avec les laboratoires au lieu de payer les exorbitants prix catalogue. Ce n'est pas pour tout de suite ni pour tout le monde mais quel symbole : Big Pharma, le secteur qui dépense le plus en lobbying à Washington, le responsable des morts de la crise des opiacés, a mis un genou à terre ! Vous écarquillez vos yeux de citoyens de pays administré ? Nous, historiquement, culturellement, nous préférons faire appel à la responsabilité individuelle plutôt qu'à un État-providence centralisateur, comme le vôtre. Donc yes, notre système de santé est profondément libéral. Les entreprises pharmaceutiques et les assurances privées en sont les piliers. L'État prend en charge seulement les « mauvais risques » : les plus âgés et les plus modestes. Pour les autres, la couverture santé vient avec le job, ou bien chacun la choisit et la paie à ses frais. C'est la loi du marché : le contrat sera meilleur si vous êtes cadre d'une grande entreprise. Et à l'inverse, 26 millions de personnes, soit 8 % de la population, restent toujours sans aucune protection.*

Finalement, en avons-nous pour notre argent ? Nous dépensons 16,8 % de notre PIB pour la santé. C'est davantage que n'importe quel pays de l'OCDE, et que vos 11 % en France. Pourtant, plus de 25 millions d'entre nous traînent, comme un boulet, une dette médicale de plus de 5 000 dollars, parce qu'ils sont mal assurés et que les franchises sont affreusement lourdes. Surtout, nous gardons un problème majeur d'accès aux soins, ce qui se lit dans notre espérance de vie, toujours plus faible que la vôtre. Et ce, malgré tous vos verres de vin et vos cigarettes...

Amitiés américaines

RETRAITES : POURQUOI UNE TELLE OBSESSION ?

CHRISTIAN CHAVAGNEUX | **MARC VIGNAUD**

LE PROBLÈME

Une dégradation annoncée

LES FUTURS RETRAITÉS SACRIFIÉS

Le système français de retraite fonctionne par répartition : on prélève des cotisations sur les actifs d'aujourd'hui pour verser des pensions aux retraités d'aujourd'hui. Or, avec le vieillissement démographique, on va passer de 1,7 cotisant par retraité aujourd'hui à 1,3 en 2070 dit le Conseil d'orientation des retraites (COR) et encore, sans prendre en compte la dégradation récente de notre démographie. Pourtant, avec les réformes déjà lancées, on va passer de dépenses de retraites d'en gros équivalentes à 14 % du PIB à une fourchette contenue entre 12 et 15 % du PIB, à peu près au même niveau. Comment ? En affaiblissant drastiquement le pouvoir d'achat relatif des retraités dans les décennies qui viennent : si leurs pensions ne baisseront pas, elles seront loin d'augmenter au rythme des salaires.

LE COÛT DU GRAND ÂGE

Selon l'Insee, à l'horizon 2070, le nombre de personnes de 75 ans ou plus devrait croître de 5,7 millions. Une évolution qui pose au-delà des retraites la question du

Un financement pas assuré

LES RETRAITES PÈSENT TROP LOURD DANS NOS DÉPENSES PUBLIQUES

Si le débat se focalise autant sur les retraites, c'est qu'elles représentent environ 25 % des dépenses publiques, lesquelles ont atteint la bagatelle de 1 475 milliards d'euros en 2021. Dans ces conditions, difficile d'imaginer ralentir leur progression annuelle sans inclure les dépenses de pensions qui dérivent de 1,8 % chaque année. Ce constat, ce n'est pas le mien, mais celui dressé par Pierre-Louis Bras, le président du Conseil d'orientation des retraites (COR), une référence sur le sujet. Pour un gouvernement qui promet de stabiliser la dette en revenant en dessous de 3 % de déficit en 2027, s'attaquer aux dépenses de retraites, très élevées par rapport au PIB (de l'ordre de 14 %), est donc indispensable. Sauf à alourdir encore les prélèvements obligatoires, déjà très élevés par rapport aux autres pays. Autrement dit, la réforme des retraites est centrale pour éviter une dérive de la dette française, d'autant plus que les taux d'intérêt auxquels la France s'endette ont commencé à remonter avec le retour de l'inflation en 2022.

CHRISTIAN CHAVAGNEUX

financement du grand âge, en particulier pour les personnes dépendantes. En 2020, la France a dépensé 25 milliards d'euros pour aider les personnes âgées en perte d'autonomie. Les infrastructures d'accueil restent pourtant insuffisantes et ouvertes aux dérives comme l'a montré l'enquête de Victor Castanet sur les EHPAD et les cliniques du groupe Orpéa (rationnement de nourriture, de couches, de soins, montages financiers opaques, détournement d'argent public...). Bref, les plus âgés du demi-siècle prochain vont coûter de plus en plus cher. Qui va payer ?

LES IDÉES REÇUES

« Il suffit de travailler plus »

« SI L'ON VIT PLUS VIEUX, ON DOIT TRAVAILLER PLUS LONGTEMPS »

Facile : puisque l'on vit plus longtemps, en travaillant plus longtemps, on cotise plus et on finance les retraites et la dépendance. Mais dans la vraie vie, c'est tout l'inverse : entre 1870 et 2020, on a multiplié par deux notre espérance de vie et divisé par deux notre temps de travail ! Le lien « travaillez plus car vous vivez plus » n'a rien de naturel. Au contraire, rendre du temps libre est le fait des sociétés riches. Et les Français plébiscitent ce choix : selon l'enquête du ministère de la Santé, réalisée en 2021, quand on leur demande quel est l'âge idéal du départ, les nouveaux retraités répondent 61 ans en moyenne.

« TRAVAILLER PLUS : QUAND ON VEUT, ON PEUT »

Ceux qui plaident pour repousser le plus tard possible l'âge minimum de départ à la retraite affirment que c'est le seul moyen de préserver le financement du système de retraite. Encore faut-il que les seniors soient embauchés ! En 2021, 56,1 % des personnes entre 55 et 64 ans avaient un emploi contre 62 % en moyenne dans la zone OCDE. En réalité, 46 % de cette tranche d'âge ont connu des problèmes

MARC VIGNAUD

« Le financement des retraites est un faux problème »

« LES RÉFORMES PASSÉES ONT RÉGLÉ LE PROBLÈME »

Certains veulent absolument prouver que le système de retraite n'a pas de problème d'équilibre financier. Les déficits, font-ils valoir, vont disparaître au milieu des années 2030, sous l'effet des nombreuses réformes précédentes qui continuent d'allonger les carrières et ont indexé les pensions sur l'inflation. Cette indexation sur les prix plutôt que sur l'évolution des rémunérations des actifs permet en effet de faire des économies en dégradant lentement la situation relative des retraités par rapport aux revenus du travail (sans pour autant que leur retraite baisse en valeur absolue). Mais cette diminution programmée dans le système actuel est-elle tenable politiquement ? Ne nécessitera-t-elle pas de revaloriser davantage les retraites quand elle s'accentuera ? Adieu, alors, l'équilibre financier...

« LES PROJECTIONS DU CONSEIL D'ORIENTATION DES RETRAITES SONT RASSURANTES »

Cet équilibre financier tant espéré tient aussi à des hypothèses longtemps très

CHRISTIAN CHAVAGNEUX

d'emploi. Et environ 15 % des 53-69 ans sont sans emploi et sans retraite. Ils vivent du chômage, de minima sociaux, de solidarité familiale. Sans oublier que plus de 40 % des actifs touchent une retraite en-dessous du taux plein dont beaucoup contre leur volonté.

« IL FAUT EN FINIR AVEC LES PRIVILÈGES DES RÉGIMES SPÉCIAUX »

Les régimes particuliers de certaines entreprises publiques sont très souvent la cible de critiques. Un rapport de la Cour des comptes de 2019 a fait le calcul : l'ensemble SNCF-RATP-EDF-GDF a coûté 5,5 milliards d'euros de soutien public à leurs régimes de retraite. Des entreprises à qui on n'a pas cessé de réclamer des gains de productivité… Résultat ? Moins d'emplois, donc moins d'actifs pour cotiser. Si ces régimes sont dans le rouge, c'est à 70 % à cause de cette baisse du nombre de cotisants. Que le régime soit spécial avec des avantages singuliers n'explique en fait que 30 % du déséquilibre. Un faux problème.

MARC VIGNAUD

optimistes des rapports du COR. Il est très dépendant de l'augmentation de la productivité, qui détermine, à long terme, la progression des salaires sur lesquels sont assises les cotisations. Or, la hausse de la productivité s'avère beaucoup moins forte qu'espéré ces dernières années. Au point que le COR a révisé ses principales hypothèses à la baisse, de quoi sérieusement assombrir ses rapports annuels. Par ailleurs, l'Insee a récemment publié une autre mauvaise nouvelle pour le système de retraite : l'augmentation de la population active devrait être moins importante que prévu à cause de la baisse de la fécondité. Ce qui veut dire que les actifs seront moins nombreux pour payer les retraites de leurs aînés. Autant de facteurs qui se conjuguent et ont dégradé les perspectives financières des retraites, d'ailleurs très incertaines à l'horizon de la prévision, qui va jusqu'en 2070. Christian va inévitablement vous expliquer que les dépenses de retraites en pourcentage du PIB, indicateur bien plus fiable que les projections incertaines sur les déficits (parce qu'elles dépendent de nombreuses hypothèses sur les dépenses mais aussi les recettes du système), vont se stabiliser et même diminuer. Sauf que cela repose sur les anciennes hypothèses du COR. Cela tient aussi au fait que les pensions de retraite vont se dégrader par rapport à la rémunération des actifs. Est-ce vraiment possible et jusqu'à quel point ?

LA SOLUTION

De nouvelles ressources

FAIRE PAYER LES RETRAITÉS ?

Selon les données du ministère de la Santé, les retraités ont un niveau de vie médian supérieur de 4 à 5 % à celui des actifs. Pourquoi donc ne pas les solliciter pour payer leurs propres retraites ? C'est ce qui se produit déjà, nous disent les experts de France Stratégie. D'une part, les réformes passées vont dans

Allonger les carrières

LE MEILLEUR DES LEVIERS

Il n'existe que trois grands leviers pour redresser financièrement le système de retraites. Le premier, c'est la diminution du niveau des pensions, ce qui semble difficilement acceptable politiquement. Le deuxième levier, c'est d'augmenter le niveau des cotisations, ce qui dégraderait la compétitivité des entreprises ou

CHRISTIAN CHAVAGNEUX

le sens d'une réduction des pensions. D'autre part, une partie du fardeau a déjà été reportée sur les retraités, certaines cotisations sociales que les seuls actifs prenaient jusque-là en charge ont été remplacées par de la CSG et des taxes payées par tous. Cependant, la situation relative des retraités étant amenée à se dégrader dans les décennies qui viennent, la solution n'est pas pérenne. Revenir sur les nombreuses exonérations qui font que, même avec des emplois, les cotisations ne rentrent pas serait déjà une première étape.

TROUVER DE NOUVELLES RESSOURCES

La réponse de fond au financement des retraites et de la vie des plus âgés peut reposer sur plusieurs piliers. D'abord, ce qui rapporterait le plus serait la réduction du temps de travail, une piste qui créerait des emplois, et des hausses de salaires accordées par les entreprises.
Ensuite, augmenter les impôts serait une bonne solution. L'OCDE a modélisé la hausse des dépenses publiques liées au vieillissement des populations à l'horizon 2060 et sa conclusion est sans appel : les pays qui veulent maîtriser la montée de leur dette publique devront accroître les prélèvements obligatoires. Dans les pays comme la France où la protection sociale est déjà hautement socialisée, il faudra être capable d'élargir la base fiscale vers des assiettes peu touchées : impôt sur la fortune, sur l'héritage, sur les gains en capital… Avant cela, il faudrait déjà commencer par arrêter de baisser les impôts. Selon le rapport remis par la Cour des comptes à l'été 2022, le premier quinquennat d'Emmanuel Macron s'est traduit par des pertes de recettes fiscales de 65 milliards d'euros auxquelles s'ajoutent 15 milliards de nouvelles suppressions promises pour le second quinquennat. On en finance des déficits de retraites avec 80 milliards d'euros !

MARC VIGNAUD

le salaire net. Reste un troisième levier : allonger les carrières. La nécessité d'accroître le taux d'emploi des seniors, assez faible en France, plaide pour cette troisième solution.
Elle permettrait de financer non seulement les retraites (avec des pensions qui pourront être relevées), mais aussi l'ensemble de notre système social, qui connaît lui aussi des déficits. Comment y parvenir ? Soit on choisit de reculer l'âge légal de départ, soit on augmente la durée de cotisation. Ça se discute. L'âge légal permet de faire des économies rapidement, ce qui permettrait de financer d'autres dépenses urgentes, comme la transition écologique. Mais il a l'inconvénient de faire reposer l'effort sur ceux qui ont commencé à travailler tôt. La durée de cotisation est moins injuste, mais elle rapportera moins ces prochaines années. Christian objectera que les seniors sont souvent mis à la porte des entreprises trop tôt. C'est pourquoi il faut travailler sur les conditions de maintien en poste. Cependant, la réforme de 2010, qui a reculé l'âge de départ de 60 à 62 ans, montre qu'un recul de l'âge légal retarde la fin de carrière des personnes déjà en emploi. Autrement dit, elles ne se retrouvent pas au chômage plus tôt.

DES IMPÔTS, JUSTE CE QU'IL FAUT

44,3 % PIB

du PIB, c'est ce que pèsent en France les prélèvements obligatoires, c'est-à-dire la totalité des impôts et cotisations sociales recueillis par l'État pour financer le train de vie de la société. Ce niveau s'est nettement accru au cours des dernières décennies : il n'était que de 39,6 % en 1980 et de 30,3 % en 1960. Une envolée qui donne parfois à l'Hexagone le surnom de « championne des impôts ». Exagéré ? Pas vraiment, car la France est souvent dans le top 3 de l'Union européenne en ce domaine, loin devant l'Irlande qui ne prélève que 22 % environ ou l'Espagne et ses 35 %. Et au-dessus de la moyenne européenne qui s'établit généralement autour de 40 %.

4 520 €

Voilà le montant moyen annuel de l'impôt sur le revenu pour les Français imposables. Si l'on se concentre sur les 10 % les plus aisés, le chèque dont ils s'acquittent est autrement plus élevé : 14 000 euros, l'équivalent de dix mois de salaire pour une personne au SMIC... Dans tous les cas, grandes fortunes ou classe moyenne profitent des mêmes coups de pouce : ils font généralement diminuer leur addition en bénéficiant d'un crédit ou d'une réduction d'impôt, qu'ils embauchent un salarié à domicile ou fassent rénover l'isolation de leur logement. Une ristourne de l'ordre de 1 341 euros en moyenne par an.

45 %

17,6 millions de foyers paient l'impôt sur le revenu en France. Soit environ 45 % des foyers fiscaux du pays. Moins d'un sur deux ! Le système fiscal fonctionne, équité oblige, par tranches : ceux qui en sont exemptés sont donc les plus fragiles. Soit ceux qui gagnaient, en 2021, pour une part fiscale, moins de 10 225 euros par an.

RECETTES DE L'ÉTAT

38,1 %

des recettes de l'État proviennent de la TVA, la première source de revenus. Il s'agit pourtant d'un impôt proportionnel, c'est-à-dire que chacun, riche ou pauvre, paie à la même hauteur (en général 20 % du prix d'un produit, 10 % ou 5 % si le taux est réduit). En comparaison, l'impôt sur le revenu, progressif selon la fortune, pèse seulement 23,7 % du budget général.

Sources : Insee / Eurostat / DGFip

À quoi servent nos impôts ? Concrètement, voici comment ont été dépensés 1 000 euros d'argent public en 2019 : plus de la moitié (574 €) a été consacrée à la protection sociale, dont, entre autres, 262 € aux pensions de retraite et de réversion, 195 à la santé, 41 à la famille et 33 au chômage. Viennent ensuite l'éducation (95 €) et le domaine régalien (60 €, dont 31 pour la défense, 25 pour la sécurité et seulement 4 pour la justice). Et la culture ? Ce secteur doit se contenter de 26 €. En comparaison, le service de la dette pèse davantage, avec 28 €. Et encore, il s'agit de données calculées avant que les taux d'intérêt ne remontent en 2022 et n'alourdissent ce poste...

La contrepartie de l'impôt, c'est l'action publique de l'État. Or, celle-ci s'est élargie au fil du temps. Attention donc aux comparaisons hâtives ! D'autres pays affichent des taux de prélèvements obligatoires plus bas que nous. Mais il faut regarder de près qui paie leur consultation chez le médecin ou leur système de garde d'enfant... Est-ce une dépense répartie entre tous ou réglée individuellement par chacun, avec les inégalités que cela génère ? Ce qui caractérise la dépense publique française ? D'une part, le fait que plus des deux tiers sont consacrés à la protection sociale (les retraites au premier chef), la santé et l'enseignement, ce qui nous place au-dessus de la moyenne de la zone euro. D'autre part, nos divers crédits d'impôts et niches fiscales et sociales pour soutenir les entreprises, plus développés que chez nos voisins. Enfin, il n'y a pas que la quantité, il y a la qualité de la dépense. En France, l'hôpital public craque, la justice étouffe et le niveau en mathématiques des élèves français baisse alors que les enseignants se paupérisent. Cela pose deux questions : chaque euro public est-il efficacement dépensé ? Et aussi, s'agit-il seulement d'une question d'argent ?

PAIE-T-ON TROP D'IMPÔTS ?

CHRISTIAN CHAVAGNEUX | **MARC VIGNAUD**

LE PROBLÈME

Personne n'aime payer des impôts

LE DILEMME MOINS D'IMPÔTS, PLUS DE SERVICES PUBLICS

Si l'on touchait notre salaire brut au lieu de notre salaire net, que de revenus ! S'il n'y avait pas de taxes sur l'essence, le plein reviendrait bien moins cher, etc. Mais, en même temps, on voudrait des hôpitaux publics avec plus de moyens, des profs mieux payés, des services publics pas trop loin de chez soi, partir en retraite le plus tôt possible... Autant de choses financées grâce aux impôts et aux cotisations sociales. Alors paie-t-on trop ou pas assez d'impôts ?

LES DEUX VISIONS DE L'IMPÔT

Deux grandes conceptions de l'impôt s'opposent. Pour l'une, il suffit de naître ou de créer son entreprise pour bénéficier d'une école, d'un marché du travail, des routes, du wifi, d'un soutien financier lorsque l'on est malade ou au chômage. Payer des impôts, c'est contribuer à entretenir et à développer ces investissements collectifs mis en œuvre par ceux qui nous ont précédés. Pour l'autre, les impôts sont le prix à payer pour avoir accès aux services publics et le client doit en avoir pour son argent ! Mon

Les Français ne savent pas à quoi sert l'argent de leurs impôts

UN CERTAIN RAS-LE-BOL FISCAL

« Qu'est-ce que vous faites du pognon ? C'est la question que tout le monde se pose. » En enregistrant sa vidéo adressée à Emmanuel Macron, début novembre 2018, une parfaite inconnue, Jacline Mouraud a contribué à lancer le mouvement des Gilets jaunes. Mais la lassitude face au paiement des impôts remonte à plus loin. Ministre des Finances de François Hollande, Pierre Moscovici était allé jusqu'à reconnaître un « ras-le-bol fiscal » à l'été 2013, après une salve nourrie d'augmentations d'impôts destinées à réduire le déficit.

L'UN DES PAYS OÙ L'ON EST LE PLUS IMPOSÉ

Il faut dire que la France est bien l'un des pays du monde où le taux de prélèvements obligatoires est le plus élevé avec 43,3 % du PIB en 2021, soit 1108 milliards d'euros. En Europe, seul le Danemark affiche un taux supérieur à 47,6 %. La moyenne de la zone euro atteignait 41,8 % et celle de l'Union européenne 41,3 %. Les autres membres de l'OCDE présentent des taux bien moins élevés. Restons toutefois prudents en

CHRISTIAN CHAVAGNEUX

enfant n'a pas de prof ? Je dois attendre aux urgences ? Si le service n'est pas à la hauteur, mes impôts doivent baisser. Dans la première approche, on définit les besoins collectifs puis le niveau de prélèvements nécessaires à leur financement. Dans la seconde, on part d'un niveau de prélèvements présenté comme un coût et on ajuste le collectif en fonction du coût jugé acceptable.

MARC VIGNAUD

maniant les comparaisons internationales : les écarts tiennent pour partie à des différences de périmètre entre ce qui relève ou non des administrations publiques. Dans certains pays, l'assurance maladie et la retraite ne rentrent pas entièrement dans le périmètre public et les prélèvements qui les financent ne sont pas considérés comme « obligatoires ».

OÙ VA L'ARGENT ?

La question des impôts rejoint celle des dépenses publiques, elles aussi très élevées par rapport aux autres pays, 59 % du PIB en 2021. Au-delà des différences de périmètre que Christian ne manque jamais de souligner, il y a une vraie question sur l'efficacité de cette dépense. En clair, on pourrait fournir de meilleurs services avec autant d'impôts, ou payer moins d'impôts pour le même niveau de services. Prenons l'exemple de la santé : il suffit de penser aux multiples mutuelles et complémentaires qui facturent des frais de gestion en plus de ceux de la Sécurité sociale sur chaque acte de remboursement et dépensent des fortunes en frais publicitaires. Si l'on était sûr que la gestion du remboursement des soins par l'assurance maladie était efficace, on pourrait théoriquement économiser ces frais de gestion avec une « grande Sécu ».

LES IDÉES REÇUES

« Les impôts tuent l'économie »

« RAS-LE-BOL DE PAYER ! »

Les Françaises et les Français ne seraient pas incités à travailler parce qu'ils sont trop taxés. Mais le « ras-le-bol fiscal » semble plus tenir à l'injustice de notre système qu'au niveau des prélèvements. Les pauvres paient des impôts, en particulier la TVA, première source de recettes fiscales, et comme la consommation pèse davantage dans leurs dépenses que pour les plus riches, ils en paient plus proportionnellement à leurs revenus. À l'inverse, les très riches

« Les entreprises et les riches doivent prendre leur part de l'effort »

« IL N'Y A QU'À FAIRE PAYER LES RICHES »

Il pourrait être tentant de vouloir faire payer les plus aisés. J'ai déjà proposé ici d'augmenter la fiscalité sur les successions pour éviter une société d'héritiers. Le problème, c'est que la base fiscale n'est pas à l'échelle. Taxer le capital comme le travail au niveau des personnes (alors que le capital a déjà été imposé *via* l'impôt sur les sociétés) rapporterait... 1,5 milliard d'euros. Quant à l'ancien ISF, il rapportait

CHRISTIAN CHAVAGNEUX

ont vu leurs taux d'imposition (impôt sur la fortune, sur les revenus du capital) fortement baisser, sans même parler de leurs stratégies d'évitement fiscal...
Et le raisonnement est vrai également pour les entreprises : grâce à leurs armées de fiscalistes et à leurs stratégies d'optimisation fiscale agressives, les grands groupes paient proportionnellement moins d'impôts que les PME. Le problème est là : certains ne paient pas leur juste part d'impôt.

« LES IMPÔTS MINENT NOTRE COMPÉTITIVITÉ »

L'International Institute for Management Development, une *business school* suisse, calcule depuis plus de vingt ans un indice de compétitivité des économies. Lorsque l'on rapproche leur classement pour 2021 du niveau des recettes fiscales moyennes sur cinq ans, on ne trouve absolument aucun lien entre les deux. Il y a des pays à la fois très compétitifs et peu fiscalisés (la Suisse, Singapour) ou très fiscalisés (la Suède, le Danemark, la Norvège).
L'Organisation mondiale de la propriété intellectuelle publie un classement des économies les plus innovantes que l'on peut rapprocher aussi du niveau des prélèvements fiscaux. Résultat : là encore, aucun lien n'apparaît entre les deux variables. Les discours patronaux qui font de la fiscalité la cause des problèmes de compétitivité et d'innovation cachent les faiblesses stratégiques des entreprises françaises en la matière.

MARC VIGNAUD

3 milliards de plus qu'aujourd'hui avec l'impôt sur la fortune immobilière. Rappelons que le déficit public dépasse, en 2021, 160 milliards d'euros. On peut toujours vouloir aller plus loin dans la taxation des riches, mais nous restons en économie ouverte... Le faire efficacement suppose de convaincre d'autres pays.

« IL N'Y A QU'À AUGMENTER LES PRÉLÈVEMENTS DES ENTREPRISES »

Christian vous a parlé des aides accordées aux entreprises, supérieures en France à la moyenne de l'Union européenne, afin d'expliquer qu'elles ne sont vraiment pas à plaindre. Sauf qu'elles paient aussi beaucoup d'impôts et de cotisations, et en particulier les fameux impôts de production qui ne dépendent pas que du profit qu'elles réalisent, mais qui s'appliquent parfois sur le chiffre d'affaires. Et ce ne sont pas toujours les mêmes qui bénéficient des subventions. Une étude très sérieuse de France Stratégie a ainsi montré que la baisse de l'impôt sur les sociétés et la diminution de 10 milliards des impôts de production décidées par Emmanuel Macron auraient pu, si elles avaient été décidées plus tôt, enrayer l'effondrement de la production de voitures en France observé ces dernières décennies.

LA SOLUTION

Nettoyer le maquis fiscal

LUTTER CONTRE L'ÉVITEMENT FISCAL

Les plus puissants, individus et entreprises, doivent payer leur juste part d'impôt.
Une partie de la solution provient d'accords internationaux. Depuis 2014, l'échange automatique d'informations permet au fisc français de savoir quand un Français réalise des transactions financières à l'étranger,

Améliorer l'efficacité de la dépense publique et baisser les impôts les plus nocifs pour le *made in France*

MIEUX DÉPENSER

Pour reprendre l'exemple de la santé, l'organisation des soins pourrait être plus

CHRISTIAN CHAVAGNEUX

ce qui a contribué à remettre en cause le secret bancaire. Mais l'utilisation de trusts – des entités juridiques opaques sur le fait de savoir d'où vient l'argent et au profit de qui – reste trop facile. Un autre accord devrait permettre de remettre en cause les pratiques fiscales douteuses des multinationales à partir de la fin 2024. Mais la France peut aussi agir chez elle : en renforçant les moyens du fisc et, comme le propose l'ancienne juge Eva Joly, en ajoutant à notre Constitution une « Charte pour la justice fiscale », sur le modèle de la Charte de l'environnement de 2004, afin de mettre la lutte contre l'évitement fiscal au même niveau que la liberté d'entreprendre.

FAIRE LE MÉNAGE DANS LES BÉQUILLES FISCALES DES ENTREPRISES

Il existe plus de 2 000 aides aux entreprises en France ! Un véritable maquis d'exonérations fiscales, de crédits d'impôt, et on ne sait pas qui en bénéficie et de combien. Cela représente environ 5 à 6 % du PIB, en augmentation de 215 % sur 10 ans selon les estimations de Maxime Combes et Olivier Petitjean. Une gabegie complète et sans contrôle de dépenses publiques qui, j'en suis sûr, doit inquiéter Marc ! Dans le même temps, l'effort contributif des entreprises ne cesse de baisser. Selon le rapport 2022 d'évaluation des politiques de Sécurité sociale, la part des employeurs privés au financement de la Sécu est passée de 51,1% en 1990 à 36,5 % en 2019. De plus en plus d'aides aux entreprises pour de moins en moins de contributions de leur part, voilà l'un des problèmes fiscaux clés de la France !

MARC VIGNAUD

efficace, en étant davantage centrée sur la prévention des maladies. On pourrait éviter de multiples actes inutiles (radiographies médicales redondantes, etc.). L'Assurance maladie vient à peine de relancer le dossier médical personnel, à travers « Mon espace santé ». Ce chantier avait été lancé... en 2004 par le ministre de la Santé, Philippe Douste-Blazy, qui promettait 3,5 milliards d'économies. Les dépenses de retraite peuvent, elles aussi, être contenues, à condition d'éviter que les seniors ne soient mis sur la touche par les entreprises et de favoriser les évolutions de carrières des personnes aux métiers pénibles. Il faudrait un plan massif de modernisation de l'État. Le prélèvement à la source, par exemple, a montré qu'il était possible d'augmenter le taux effectif de collecte de l'impôt.

BAISSER LES PRÉLÈVEMENTS

Il faut à la fois supprimer les niches fiscales nocives pour le climat, comme la réduction accordée pour le gazole non routier, et diminuer les impôts de production les plus nocifs, comme la contribution sociale de solidarité des sociétés (C3S) assise sur le chiffre d'affaires des entreprises qui entraîne des effets en cascade sur le système productif.

LA DETTE, VERS L'INFINI ET AU-DELÀ ?

Fin 2021, la dette publique de la France (c'est-à-dire l'ensemble des emprunts contractés par l'État, les collectivités locales et la Sécurité sociale) a atteint 112,5 % du PIB, soit 2 813,1 milliards d'euros.

Vingt ans plus tôt, en 2001, elle était quasiment deux fois plus légère, en dessous de 60 %. Entre-temps, deux crises ont fait boule de neige. D'abord, la crise financière de 2008 puis la crise Covid de 2020, avec son remède du « quoi qu'il en coûte ».

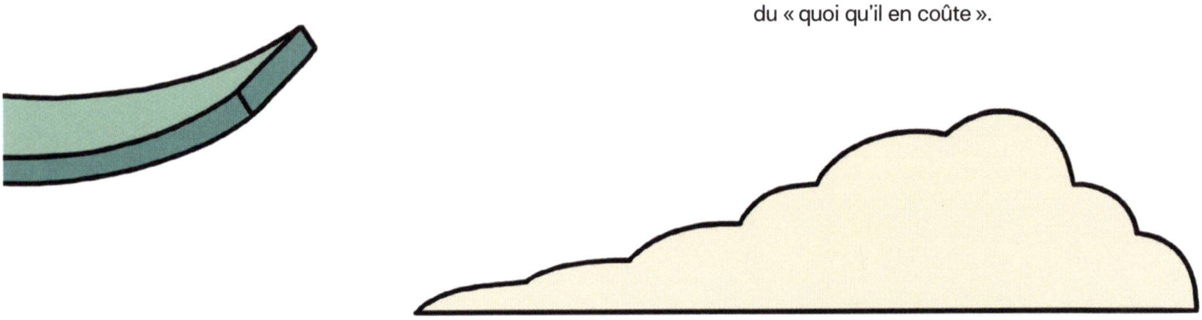

Le grand paradoxe ? Dans la dernière décennie, plus la dette française s'est alourdie, plus la charge est devenue légère, grâce à la politique de soutien de la Banque centrale européenne (BCE) et la baisse des taux d'intérêt. Mais en 2022, l'inflation change la donne. Voici venue la fin de l'argent facile.

Sources : Insee / FMI / Eurostat / Cour des comptes

Les 19 pays de la zone euro, le « club monétaire » auquel nous avons choisi d'appartenir, sont endettés en moyenne à 95,6 %. Mais tous ne portent pas le même sac à dos chargé de déficits accumulés. L'Estonie est la moins endettée (18,1 % du PIB), avec le Luxembourg (24,4 %). Les plus lourdement plombées sont la Grèce (193,3 %) et l'Italie (150,8 %). La France reste à distance de ces records, mais avec sa dette qui dépasse les 110 %, elle s'éloigne aussi de l'Allemagne, la référence, sous les 70 %.

Un fort endettement, est-ce un signe de mauvaise santé ? Pas si simple. L'important, c'est que la dette soit soutenable. Régulièrement, des pays sont incapables de faire face à une échéance. Parmi les États qui se sont retrouvés en situation de défaut : le Sri Lanka en 2022 et avant lui, le Mexique (1982), la Russie (1998), la Grèce (2015), le Venezuela (2017 et 2018) ou encore le Liban (2020). En 2001, l'Argentine a connu le défaut de paiement le plus important de l'histoire, environ 100 milliards de dollars. Elle a attendu quinze ans avant de pouvoir emprunter de nouveau sur les marchés internationaux.

Sources : Insee / FMI / Eurostat / Cour des comptes

Dette : au cœur de la machine

PAR
RÉMI BOSTSARRON

LA DETTE PUBLIQUE ATTEINT DES NIVEAUX INÉDITS, LOIN DES RÈGLES QUE L'UNION EUROPÉENNE S'ÉTAIT FIXÉES. AVEC LA FIN DE L'ARGENT FACILE, LE DÉBAT SUR LE JUSTE NIVEAU D'ENDETTEMENT DES ÉTATS REPREND DE LA VIGUEUR. AU FAIT, QUI SAIT COMMENT SE CRÉE LA DETTE ? À QUI EMPRUNTONS-NOUS, À QUELLE ADRESSE ET QUEL NUMÉRO DE TÉLÉPHONE ?
C'EST AU CŒUR DU MINISTÈRE DE L'ÉCONOMIE À BERCY QUE TOUT SE PASSE, À L'AGENCE FRANCE TRÉSOR (AFT), UNE VÉRITABLE SALLE DE MARCHÉS OÙ LES TRADERS DE L'ÉTAT VENDENT NOS OBLIGATIONS À UN GROUPE RESTREINT DE BANQUES.
L'ÉTAT SOUSCRIT DE NOUVEAUX EMPRUNTS PENDANT QUE D'AUTRES ARRIVENT À ÉCHÉANCE… ON DIT AINSI QUE LA DETTE ROULE.
MAIS JUSQU'OÙ, SANS DANGER ?
JE SUIS CYRIL BENAYOUN, JE DIRIGE LES ACTIVITÉS DE TRADING SUR LES DETTES SOUVERAINES EUROPÉENNES CHEZ CRÉDIT AGRICOLE CIB.
TOUT AU LONG DE L'ANNÉE, L'AFT PROCÈDE À L'ÉMISSION D'OBLIGATIONS DANS LE BUT DE FINANCER LES BESOINS DE L'ÉTAT.

ELLE S'ADRESSE À UN POOL DE 15 BANQUES FRANÇAISES, ALLEMANDES, BRITANNIQUES, AMÉRICAINES ET UNE JAPONAISE. POUR SOUSCRIRE À CET APPEL D'OFFRES, ON ENVOIE NOS PROPOSITIONS SUR DES TAILLES ET PRIX AUXQUELS NOUS SOMMES PRÊTS À PRÊTER DE L'ARGENT À L'ÉTAT.
L'AFT REÇOIT LES 15 SOUSCRIPTIONS DE BANQUES, ET À PARTIR DE LÀ, ELLE VA AU PLUS OFFRANT.
LE PROCESS EST TRÈS RAPIDE…
L'AFT VA DONC EMPRUNTER EN MOYENNE 10 MILLIARDS D'EUROS AUPRÈS DE SES PARTENAIRES.

ET VOUS PAR EXEMPLE ? CE LUNDI, VOUS AVEZ ACHETÉ DE LA DETTE FRANÇAISE ? POUR QUEL MONTANT ?
MALHEUREUSEMENT, JE SUIS TENU DE TAIRE CETTE INFORMATION.
VOUS ACHETEZ POUR DES MILLIONS DE DETTE FRANÇAISE…
ON PEUT PARLER PRESQUE EN MILLIARDS, POUR NE RIEN VOUS CACHER !
CE QUI EST INTÉRESSANT DANS LA DETTE FRANÇAISE, C'EST SA CONTINUITÉ, SA SOLIDITÉ, SA TRANSPARENCE. TOUT EST TRÈS LIMPIDE : EN DÉBUT D'ANNÉE, LA FRANCE VOTE SA LOI DE FINANCES ET, PAR CE TEXTE, ELLE ÉMET SES BESOINS DE FINANCEMENT. IL Y A UN CALENDRIER AVEC DES DATES FIXES AUXQUELLES LE PAYS COMPTE ÉMETTRE DES OBLIGATIONS POUR LEVER DES MONTANTS PRÉDÉTERMINÉS. C'EST UN PROCÉDÉ QUI A FAIT SES PREUVES.
2018
2019
2020
2021
2022
2023

VOUS ACHETEZ CETTE DETTE, MAIS EN RÉALITÉ, VOUS LE FAITES AU NOM DE CLIENTS. QUI SONT-ILS ?
ÇA PEUT ÊTRE DES GESTIONNAIRES DE PATRIMOINE, DES COMPAGNIES D'ASSURANCES, DES MAISONS DE GESTION, DES FONDS SPÉCULATIFS...
PRÊTER SON ARGENT À L'ÉTAT, C'EST CE QUI ME PARAÎT ÊTRE LA SÛRETÉ SUPRÊME. C'EST ÉVIDENT POUR MOI, MAIS PEUT-ÊTRE PAS POUR TOUT LE MONDE.
BONJOUR, CYRIL ROUSSEAU, ENCHANTÉ. JE SUIS LE DIRECTEUR DE L'AGENCE FRANCE TRÉSOR QUI GÈRE LA TRÉSORERIE ET LA DETTE DE L'ÉTAT. BIENVENUE AU 9e ÉTAGE DU MINISTÈRE DES FINANCES !
AFT

NOTRE SYSTÈME A ÉTÉ MIS EN PLACE AU COURS DES ANNÉES 1980, LORSQU'IL EST APPARU QUE L'ÉTAT FAISAIT FACE À DES BESOINS DE FINANCEMENT RÉCURRENTS. C'EST EN QUELQUE SORTE UNE INDUSTRIALISATION D'UN PROCESSUS PLUS ARTISANAL AUQUEL ON PROCÉDAIT PAR LE PASSÉ, QUI REPOSAIT SUR DES EMPRUNTS PONCTUELS.
LE PASSAGE AU SYSTÈME ACTUEL, AVEC CES 15 BANQUES QUI MAINTIENNENT UNE DEMANDE PERMANENTE POUR NOTRE DETTE, NOUS PERMET DE LISSER NOS CONDITIONS DE FINANCEMENT ET AU FINAL, D'OBTENIR LES MEILLEURES CONDITIONS DE TAUX POUR LE CONTRIBUABLE.
LES INVESTISSEURS ÉVIDEMMENT OBSERVENT LA TRAJECTOIRE DE NOS DÉFICITS FUTURS, DE NOTRE DETTE. C'EST UN ÉLÉMENT EXTRÊMEMENT IMPORTANT POUR LE MAINTIEN DE LEUR BONNE APPRÉCIATION DE NOTRE RISQUE DE CRÉDIT.

UNE BONNE APPRÉCIATION QUI N'A PAS ÉTÉ REMISE EN CAUSE CES DERNIÈRES ANNÉES MÊME SI, DANS LE CONTEXTE DE LA CRISE SANITAIRE, LA DETTE FRANÇAISE N'A CESSÉ D'AUGMENTER. IL FAUT DIRE QU'EN PARALLÈLE, LA BANQUE CENTRALE EUROPÉENNE A ÉTÉ UN SOUTIEN PUISSANT DES ÉTATS.
Jézabel Couppey-Soubeyran, maîtresse de conférences à l'université Paris-I Panthéon-Sorbonne et conseillère scientifique à l'Institut Veblen.
LA BANQUE CENTRALE EUROPÉENNE (BCE) APPORTE UNE ASSISTANCE FINANCIÈRE INDIRECTE AUX ÉTATS. ELLE RACHÈTE DONC DES TITRES DE DETTE, MASSIVEMENT. CE QUI RASSURE LES INVESTISSEURS. OUI, C'EST DE L'ARGENT MAGIQUE ! MAIS LA BCE A APPUYÉ SUR UN BOUTON POUR CRÉER DE LA MONNAIE ET RACHETER CES TITRES.
TOUT CELA PERMET DE FAIRE TENIR L'ÉDIFICE, MAIS IL NE FAUT PAS Y VOIR UNE PANACÉE. POURQUOI ? PARCE QUE, LORSQUE LA BCE AGIT AINSI, CELA ACCROÎT CONSIDÉRABLEMENT LA FRACTURE SOCIALE ET LES INÉGALITÉS. CES ACHATS DE TITRES FONT AUGMENTER LA VALEUR DES PATRIMOINES FINANCIERS ET PROVOQUENT UNE FORTE MONTÉE DES PRIX DE L'IMMOBILIER. TOUT CELA CREUSE LES ÉCARTS ENTRE LES RICHES ET LES PAUVRES. C'EST ÉGALEMENT GÉNÉRATEUR DE BULLES SPÉCULATIVES, QUI PEUVENT ÉCLATER. ATTENTION, DANGER…

Reportage diffusé le 16 avril 2022

CHARGE DE LA DETTE

Expression parlante, non ? Il s'agit des intérêts payés chaque année par l'État. Ils s'élevaient à 38 milliards d'euros en 2021, soit 15 % de plus qu'en 2020. Cela ressemble à la fin d'une parenthèse de dix ans environ, paradoxale : pendant ce temps, la dette a grossi de 1 000 milliards mais la charge a dégonflé de près de 10 milliards. La baisse des taux d'intérêt (souvent même négatifs entre 2019 et 2021) a bien aidé les finances publiques.

ROULER LA DETTE

Un État rembourse sa dette, tout le temps : il paie un emprunt arrivé à échéance avec un nouvel emprunt. C'est sa force et sa différence avec un bon père de famille. L'État, lui, n'est pas menacé de disparaître avant d'avoir fini de payer son prêt à la consommation ou son coupé Volkswagen. Il est immortel. Il ne rembourse donc pas sa dette : il la refinance indéfiniment. Une bonne affaire lorsque les taux d'intérêt réels sont au plus bas. Mais gare à la remontée : si la nouvelle dette coûte plus cher que l'ancienne, rouler n'est pas sans danger...

Soutenabilité

Voici le mot le plus important lorsque l'on parle de dette. Le sac à dos n'est pas trop lourd tant qu'on peut le porter. L'État doit être aux rendez-vous de ses échéances et le remboursement de sa dette ne doit pas l'asphyxier. Idéalement, il emprunte pour financer des investissements utiles, qui généreront des ressources supplémentaires, et beaucoup moins pour payer son seul fonctionnement. Enfin, la dette d'un État est soutenable tant que des investisseurs ont confiance en lui et souhaitent placer leurs avoirs en titres de dette publique.

SPREAD

Les États font essentiellement appel aux marchés financiers pour payer leurs dépenses. Mais tous n'obtiennent pas les mêmes conditions pour emprunter. La différence de confiance des investisseurs se lit dans l'écart de taux d'intérêt qu'ils proposent aux uns et aux autres. Et en zone euro, c'est le taux de rendement à dix ans de la très solvable Allemagne qui sert de baromètre de la peur : le spread se calcule en comparant le taux d'un pays au taux germanique.

CRITÈRES DE MAASTRICHT

Ce sont des totems : un déficit public qui n'excède pas 3 % de la richesse nationale et une dette qui ne dépasse pas les 60 %. Définis en 1992, bafoués moult fois depuis et mis en sourdine en 2020 avec la crise sanitaire jusqu'au moins fin 2023. L'exigence de règles budgétaires communes européennes est-elle enterrée pour autant ? Loin de là. La famille de la zone euro, avec ses économies si divergentes, a besoin de rester unie autour de son bien commun : sa monnaie. Pour éviter dérapages et passagers clandestins, à défaut d'un chef des 19 pays, il faut des normes.

Sources : Insee, rapport du Sénat du 10 novembre 2021 « L'avenir des dettes publiques » / Fipeco.fr / vie-publique.fr

Chers Français,
Cette carte pour vous remercier de nous décerner si souvent le titre de champions de la dette dans vos articles et vos conférences. Incontestablement, de tous les pays de l'OCDE, nous le sommes devenus. Ici, la dette atteint le seuil de 250 % du PIB, qui vous terrifie. Loin de vous qui demeurez sous les 115 % et loin des 69 % que notre pays totalisait en 1990… Reconnaissez aussi que nous avons enduré des chocs successifs depuis trente ans : l'éclatement de la bulle des années 1990, la crise financière de 1998, celle de 2008 et, en 2011, le tsunami et l'accident à la centrale nucléaire de Fukushima qui s'ensuivit. Et puis, bien sûr, comme tout le monde, les répercussions du Covid-19 et de la guerre en Ukraine…
À chaque fois, vous nous avez mis en garde contre l'envolée de notre dette, soulignant que notre gouvernement avait à nouveau moins de recettes et davantage de dépenses. Mais comprenez que, crise ou pas, il faut que l'on soutienne notre économie, stagnante, et que l'on verse des prestations sociales à notre population, vieillissante. C'est la version nippone du fameux « quoi qu'il en coûte » dont vous êtes devenus familiers pendant la crise du Covid ! Ici, même si cela peut vous sembler déraisonnable, l'opinion publique acquiesce. On entend que chaque citoyen porterait désormais une dette théorique de 70 000 euros. Et alors ? À Tokyo, pas de débat. Pas d'argent magique non plus, bien sûr. Mais puisque nous nous prêtons à nous-mêmes, en yens, notre monnaie nationale, les obligations de l'État sont détenues à 86 % par des investisseurs japonais. Et ainsi, aucune dépendance vis-à-vis d'acheteurs étrangers, contrairement à vous ! Notre Banque centrale est aussi très accommodante et reste un soutien indéfectible. Elle détient à présent plus de 40 % de la dette publique en circulation. Cela fait des années que ça dure, la confiance ne s'est pas érodée et nous ne voyons pas de menace visible à court terme. Merci de vous en inquiéter mais ici, tout va très bien. Ne vous accrochez donc pas tant aux chiffres absolus : vous voyez bien que tout dépend du contexte…

Amitiés nippones

ET SI ON ANNULAIT LA DETTE ?

CHRISTIAN CHAVAGNEUX | MARC VIGNAUD

LE PROBLÈME

Il n'y en a pas !

UNE EXPLOSION DU NIVEAU

Tremblez braves gens, à la fin décembre 2021, la dette publique française s'établissait à 2 813,1 milliards d'euros, soit l'équivalent de 112,9 % – soyons précis – du produit intérieur brut (PIB), l'ensemble de la richesse produite cette année-là. On ne s'en souvient plus mais, au moment où démarre la crise financière de 2007, c'était hier, on était à 64,5 points du PIB. Et ce n'est pas fini : avec la guerre en Ukraine, le gouvernement dépense plus pour aider les ménages au moment où la croissance ralentit. Donc, le ratio entre la dette et le PIB va encore monter.

Un endettement public qui augmente dangereusement

UNE HAUSSE DE LA DETTE MÊME QUAND TOUT VA BIEN

Le fardeau est de plus en plus lourd : avant la pandémie de Coronavirus, la dette publique française s'élevait à 98 % de son PIB. Deux ans plus tard, fin 2021, elle frôlait 113 %. Un bond de près de 15 points.

En euros, une mesure peut-être plus parlante, elle est passée de 2 375 milliards fin 2019 à 2 813 milliards, une hausse de… 438 milliards. Le problème, c'est que cette dette ne reflue que très rarement, même en période de croissance. Et pour cause : les gouvernements n'ont alors pas le courage d'affecter les recettes supplémentaires au désendettement. Rappelez-vous de la fameuse « cagnotte fiscale » de Lionel Jospin, que Jacques Chirac, alors en cohabitation, voulait rendre aux Français.

À chaque crise, en revanche, la dette publique bondit. Si bien que la fuite en avant s'accélère. En 2008, avant l'effondrement de la banque américaine Lehman Brothers, qui secoua l'ensemble du système financier mondial, elle était encore inférieure à 70 % du PIB, soit 1370 milliards d'euros. Cette augmentation

CHRISTIAN CHAVAGNEUX

ET ALORS ?

En 2022, la France a emprunté pas loin de 300 milliards d'euros, à la fois pour financer son déficit budgétaire et pour rembourser la dette passée qui arrivait à échéance. Eh oui, contrairement à une personne, les États empruntent de quoi payer leurs vieilles dettes ! Est-ce que la France a du mal à emprunter ? Non. Est-ce que ça lui coûte « un pognon de dingue » ? Non, l'équivalent de 1,5 % du PIB (c'était autour de 3 % à la fin des années 1990). Alors, franchement, dans ces conditions, annuler la dette ça servirait à quoi ?

MARC VIGNAUD

continue est suffisamment inquiétante pour que des intellectuels de gauche, mais aussi des politiques, comme Jean-Luc Mélenchon, mettent sur la table l'idée d'annuler une partie de cette dette, au nom du combat contre l'austérité. Notons au passage que cela disqualifie l'argument que brandissait régulièrement Christian selon lequel l'augmentation de la dette publique ne posait aucun problème parce que les taux d'intérêt étaient très bas…

IMPOSSIBLE DE RÉEMPRUNTER EN CAS DE DÉFAUT

Cette proposition d'annulation ne porte pas sur toute la dette, car spolier l'ensemble des investisseurs qui achètent les titres d'État français serait très dangereux. La France n'a d'ailleurs plus fait défaut depuis 1797 sous le Directoire. Réemprunter ensuite sur les marchés financiers deviendrait en effet bien plus coûteux, car les investisseurs potentiels, étrangers à plus de 47 %, auraient peur que cela ne recommence. La solution consiste donc à annuler la dette que la Banque centrale européenne (BCE) a racheté massivement, via ses différentes antennes nationales, afin de faire baisser les taux d'intérêt auxquels les États empruntent. Cela permettrait de rayer, d'un simple trait de plume, près de 30 % du stock de dette français détenu électroniquement par la Banque de France.

LES IDÉES REÇUES

« Le monstre de la dette »

« MAUX DE DETTE, CÔTÉ DROIT »

Pour les libéraux, pas question d'annuler la dette. Pas parce qu'elle ne pose pas de problème. Mais parce que ça leur sert de trique à gouvernement. Le raisonnement est simple : comme dans leur monde il faut toujours baisser les impôts, s'il y a des déficits et de la dette, c'est qu'il y a trop de dépenses, CQFD. La dette joue chez eux un rôle disciplinaire pour taper sur le plus

« L'annulation de la dette française détenue par la BCE est possible »

« UNE BANQUE CENTRALE PEUT CRÉER DE L'ARGENT SANS PROBLÈME »

Séduisante sur le papier, l'annulation de la dette française détenue par la Banque centrale reste une chimère. Ses défenseurs expliquent que cela permettrait d'augmenter d'un coup de baguette magique la capacité d'emprunt

CHRISTIAN CHAVAGNEUX

gros de la « dépense publique » (ce sont en fait des transferts sociaux, l'État prélève et redistribue), la protection sociale. D'où la volonté de recul de l'âge minimal de départ en retraite, de baisse des allocations chômage, etc. Et c'est sans limites. Quand Michel Pébereau, l'ancien patron de la BNP, a remis son rapport sur la dette publique en 2005 en expliquant que le niveau était intenable, on était à un peu plus de 65 % de dette sur PIB…

« MAUX DE DETTE, CÔTÉ GAUCHE »

À l'inverse, du côté de la gauche on trouve des partisans de l'annulation. Pour deux raisons. Ils craignent la dette parce qu'elle ouvre la possibilité pour les créanciers de dicter leur loi aux pays débiteurs, une loi libérale qui pousse à la flexibilisation du marché du travail, à la baisse de la protection sociale, etc. La Grèce en sait quelque chose. Mais le raisonnement ne tient pas pour la France. Quand le gouvernement s'est-il vu imposer une politique économique par les marchés ? La dette n'a pas empêché Lionel Jospin de faire les 35 heures pas plus qu'Emmanuel Macron n'a été contraint de baisser la taxation du capital et de réduire les allocations chômage, il l'a fait de bon cœur ! Deuxième raison : les intérêts de la dette, c'est de l'argent qui engraisse les rentiers. Depuis vingt-cinq ans que les taux d'intérêt sont en baisse, puis faibles, puis nuls, puis négatifs, il y avait de moins en moins de gras à faire. Ils remontent ? Certes, mais pas trop vite et les taux réels, une fois l'inflation déduite, restent négatifs. La France emprunte sur un peu plus de huit ans. Même quand les taux remontent, il faut huit ans pour qu'ils pèsent complètement sur le coût de la dette.

« ANNULER LA DETTE RÉSOUT TOUT »

N'importe quel gouvernement français peut décider qu'il arrête de rembourser sa dette, ou qu'il n'en rembourse que la moitié. Les assureurs, les fonds d'investissement et les banquiers centraux étrangers qui nous financent ont une mémoire d'éléphant : si on fait ça, le jour où la France revient vers eux, ils le lui feront payer très cher

MARC VIGNAUD

de la France, sans qu'elle soit menacée par une hausse des taux d'intérêts. Cela lui donnerait de l'air pour financer la transition écologique, ou tout projet jugé indispensable pour nos enfants ou petits-enfants. Après tout, le sauvetage de la planète du réchauffement climatique n'est-il pas l'urgence absolue ? La Banque centrale ne s'en trouverait nullement affectée, elle qui crée la monnaie et n'a donc pas besoin d'avoir un bilan équilibré comme une vulgaire banque privée. Alors, pourquoi se priver ?

« RIEN NE L'INTERDIT »

D'abord parce que l'avantage était, jusqu'à récemment, limité : les taux d'intérêt auxquels empruntaient les États n'avaient jamais été aussi bas… Et le peu d'intérêts versés à la Banque centrale étaient ensuite reversés sous forme de dividendes aux États qui en sont les actionnaires. Ensuite parce que les traités européens, conçus pour éviter le financement monétaire des États, l'interdisent, afin de prévenir les crises inflationnistes. C'est bien pour retirer le contrôle de l'arme monétaire aux politiciens que la BCE a été conçue comme indépendante des gouvernements !

« CELA NE DÉCLENCHE PAS D'INFLATION »

Le retour de l'inflation pose désormais un nouvel obstacle à cette idée miracle d'annulation de la dette. Car cela reviendrait à augmenter encore les capacités de la planche à billets moderne au moment où les usines du monde peinent déjà à répondre aux besoins des consommateurs, à cause de la déformation de la demande des ménages vers les biens au détriment des services (restaurants, vacances, etc). La crise inflationniste risquerait de s'aggraver !

CHRISTIAN CHAVAGNEUX

en taux d'intérêt élevés et pour longtemps. Les partisans de l'annulation ont proposé de ne pas rembourser la dette détenue par la Banque centrale européenne. Ce qui a donné lieu à des échanges sans fin sur le fait de savoir si c'était possible juridiquement ou pas. Une perte d'énergie, car il n'y avait aucune chance pour un accord européen allant dans ce sens. Être endetté, c'est être capable de vivre avec l'argent des autres, c'est un signe de puissance, pas de faiblesse.

MARC VIGNAUD

LA SOLUTION

On peut faire mieux qu'effacer la dette

ÉLARGIR LA BASE FISCALE

Si on veut vraiment réduire le poids de la dette, plutôt que sacrifier la protection sociale ou devenir un mauvais payeur, il faut plus de recettes fiscales. On peut déjà arrêter de les baisser (65 milliards de recettes perdues sous Macron I et 15 milliards de plus annoncés pour Macron II). On peut aussi élargir la base fiscale et vraiment taxer l'héritage, les activités polluantes, les très riches et leurs revenus du capital. Rien de révolutionnaire : dans une interview donnée à Marc en mai dernier, Jean Pisani-Ferry, l'économiste qui a bâti le programme économique d'Emmanuel Macron en 2017, réclame « de créer, en complément de l'impôt sur le revenu, un impôt sur la détention du capital ». Nul doute que mon camarade du *Point* soutient la mesure !

UN IMPÔT EXCEPTIONNEL

A minima, on peut suivre les conseils de cette bande de gauchistes que sont les économistes du FMI, de l'AIE, de l'OCDE et de la Commission européenne qui proposent de taxer de manière exceptionnelle les profits liés à la montée des prix de l'énergie due à la guerre. J'y ajoute les bénéfices scandaleux des laboratoires pharmaceutiques liés à la pandémie et réalisés grâce à l'argent public. Et je finis avec une taxe exceptionnelle sur le patrimoine des plus riches dont la fortune a explosé durant la pandémie. Voilà tout ce que les inquiets de la dette devraient défendre.

La croissance et, si nécessaire, l'inflation et les impôts

CONTENIR AU MOINS L'ENDETTEMENT

Stabiliser l'endettement public français pour éviter tout risque de perte de confiance des investisseurs dans la capacité de l'État à honorer ses engagements, tout en finançant les besoins des populations, sera l'un des défis des prochaines années. Emmanuel Macron explique que cela nécessitera davantage de croissance économique. L'inflation devrait aussi aider : tant que les taux d'intérêt réels restent inférieurs au taux de croissance nominale (croissance réelle + inflation) de l'économie, la dette publique décroît car le déficit budgétaire annuel qui permet de stabiliser l'endettement est beaucoup plus élevé. À condition que l'État ne soit pas obligé d'indemniser trop massivement les perdants de l'inflation ! Si la croissance et l'inflation ne suffisent pas, il faudra en passer par des augmentations d'impôts. Sur les plus aisés en priorité. Le risque étant de devoir, ensuite, mettre toute la population à contribution.

Voulez –vous couler avec moi ?

Un coup de mou ? Un gros épisode dépressif ? La conviction que la France s'appauvrit et que demain sera pire qu'aujourd'hui ? Une majorité d'entre nous, des jeunes fringants aux plus âgés, partageraient cette anxiété, cet arrière-goût amer. Ainsi, nous serions en déclin, en voie d'effritement, et même déjà déclassés, au bout du rouleau d'une grandeur fanée… En 2022, certains aspirants à la présidence de la République n'ont pas hésité à surfer sur ce ressort nostalgique, essayant de faire croire que le meilleur chemin vers la prospérité serait en fait un demi-tour complet. *Back to* les années 1950 et 1960, le bon vieux temps du Concorde filant dans un ciel dégagé.

Certes, les crises se sont succédé ; la mondialisation a fragilisé nos usines, nos exploitations agricoles, nos emplois. Les raisonnements économiques se sont complexifiés à mesure que les frontières se sont ouvertes. Mais il reste des nuances et de l'espoir. À force de tout voir en noir, nous risquons de devenir incapables de mesurer nos forces et de faire le distingo entre fantasmes et réalités.

Comment s'en sortir par le haut ? En divorçant de l'Europe, veulent croire certains, auxquels le Brexit a donné des idées. Les défenseurs de l'Union européenne, au contraire, font valoir qu'acculée par la diplomatie agressive de Donald Trump, la pandémie du Covid et la guerre en Ukraine, elle n'a jamais évolué aussi vite.

Mais comment s'imposer sur le grand court mondial, face aux deux joueurs qui dominent le match ? La Chine et les États-Unis soignent leur statut de grandes puissances et se battent pour remporter le prochain set. Avec sa nouvelle doctrine, concentrée sur les objectifs de souveraineté, de réindustrialisation, l'Europe parviendra-t-elle à faire mieux que de regarder passer les balles ?

DÉCLIN, DÉCLASSEMENT, DÉGRINGOLADE : TOUJOURS LA RÉPONSE D…

2 millions

C'est le nombre d'emplois détruits dans le secteur industriel depuis plus de quatre décennies. Un mouvement de fond et des postes disparus en cascade. Une conséquence de la décision politique de la France de se spécialiser dans des technologies de pointe (aéronautique, chimie, pharmacie...) et de préférer sous-traiter le reste à l'étranger. L'ambition de réindustrialiser peut-elle infléchir le mouvement ? Depuis la fin 2020, de nouveaux emplois recommencent à être créés mais la route sera longue.

---

389 000

C'est le nombre d'exploitations agricoles qui subsistent encore en France. Celles-ci bénéficient des aides de la politique agricole commune, la fameuse PAC européenne : sur la période 2021-2027, le pays devrait à ce titre recevoir 66,2 milliards d'euros, ce qui en fait l'État européen le plus soutenu, devant l'Espagne et l'Allemagne. Reste que le tissu agricole hexagonal ne cesse au fil du temps de se réduire. Il y a cinquante ans, le nombre d'exploitations était quatre fois plus important qu'aujourd'hui.

84,7 milliards €

En 2021, le déficit commercial s'est établi à 84,7 milliards d'euros. Le chiffre est record : jamais l'écart entre importations et exportations n'avait laissé une note aussi salée au moment de solder les comptes. En cause ? La question sensible de l'énergie et l'obligation de se fournir en gaz et en pétrole à l'étranger. Mais aussi les composants électroniques, les biens d'équipement, les voitures ou les textiles, dont on manque pour être à l'équilibre et que l'on doit aller acheter au-delà de nos frontières. Dans tous les secteurs, ou presque, la France perd des points.

Sources : Insee / Ministère de l'Agriculture / France Diplomatie

LE VIN

La France produit à elle seule plus de 4 milliards de litres par an, soit 17 % environ de la production mondiale. À savourer ? Des bordeaux, bourgognes, côtes-du-rhône et autres côtes-de-provence, bus, bien sûr, par les Gaulois locaux. Mais également en partie exportés à l'étranger, contre une petite manne scintillante qui a dépassé les 15 milliards d'euros en 2021.

LE TOURISME

Baies dégagées, tour Eiffel, descentes enneigées et châteaux pluriséculaires rapportaient chaque année à la France quasiment 55 milliards d'euros, avec 80 à 90 millions de visiteurs étrangers en goguette. Joies du ruissellement : cette activité amenait également en cascade 170 milliards d'euros de dépenses (pour se loger, visiter, profiter...). Pourquoi conjuguer à l'imparfait ? Parce qu'en 2020, le Covid a figé les trajectoires, et entre 2019 et 2021, le nombre de nuitées a reculé d'un tiers. En attendant le retour de nos amis touristes...

LE LUXE

Dans le top 10 mondial du secteur du luxe, qui représente environ 150 milliards d'euros annuels, on ne décompte pas moins de cinq entreprises tricolores. À elles seules, elles pèsent 90 milliards, soit 60 % de ce podium. Il s'agit de LVMH, ses sacs, ses souliers vernis et ses millésimes, de Kering, son prêt-à-porter pointu et ses sneakers, mais aussi de la maroquinerie très haut de gamme d'Hermès, du tweed et du matelassé de Chanel et des cosmétiques de L'Oréal. Qu'est-ce que la mode ? De belles étoffes, le sens du style, et 2,7 % de notre PIB.

LES JEUX VIDÉO

Seul secteur culturel à avoir étendu son emprise pendant la crise du Covid (+20 %), le jeu vidéo à la française ne représente encore que 5 milliards d'euros environ. Mais l'engouement pour sa pratique en fait saliver certains. L'un des fleurons du milieu est l'éditeur coté en Bourse Ubisoft, et ses 10 milliards de capitalisation. Une promesse d'avenir... À condition qu'il ne se fasse pas avaler par un groupe étranger plus gros que lui.

L'AGROALIMENTAIRE

C'est un secteur dans lequel la France est excédentaire : elle exporte davantage (pour 493,3 milliards d'euros en 2020) qu'elle n'importe (428,1 milliards). Et si la part que pèse l'agriculture hexagonale dans la globalité européenne tend à diminuer, elle demeure en première place, représentant environ 17 %. Les forces françaises ? Les céréales, et notamment le blé, ainsi que le lait et ses dérivés. Après tout, cette performance tient quasiment de l'honneur dans un pays où on ne recense pas moins de 1 200 variétés de fromages...

Sources : Comité national des interprofessions du vin / Fédération des exportateurs de vins et spiritueux de France / Ministère des Affaires étrangères / Organisation mondiale du tourisme / Atout France / Deloitte / Fédération de la haute couture et de la mode / Ministère de la Culture / Syndicat des éditeurs de logiciels de loisirs / Haut-commissariat au plan / Comité national interprofessionnel de l'économie laitière

LA FRANCE EST-ELLE ENCORE UNE GRANDE PUISSANCE ?

CHRISTIAN CHAVAGNEUX | MARC VIGNAUD

LE PROBLÈME

Un sentiment paradoxal de déclin

LE DÉCLASSEMENT FRANÇAIS

L'Allemagne étant l'économie la plus puissante d'Europe, la France se compare sans cesse à elle. En 2005, notre richesse produite par habitant était comparable à celle de notre voisin. En 2021, elle n'était plus que de 85 % du niveau allemand. L'Italie, l'Espagne et le Portugal restent derrière nous ? Certes, mais on persiste à ne se concentrer que sur l'écart avec l'Allemagne ce qui nourrit un sentiment de déclassement. Malaise renforcé par le constat d'une industrie dont la part dans l'économie diminue chez nous plus vite qu'ailleurs, un déficit extérieur important, des jeunes et des seniors exclus du marché du travail ou encore des compétences acquises par le système scolaire plus faibles.

ET POURTANT, BEAUCOUP DE POINTS FORTS

Une autre histoire économique de la France existe ! Cela fait plusieurs années que notre territoire attire davantage d'investissements

La France décline

LES FRANÇAIS S'APPAUVRISSENT

L'évolution du PIB par habitant révèle un certain déclassement français. Alors que notre richesse par tête atteignait 88 % du niveau américain en 1982, elle ne s'élève plus qu'à 71 % en 2019, selon les données de l'OCDE. Un décrochage vertigineux ! Mesuré à parité de pouvoir d'achat, cela représente 43 063 dollars de PIB par habitant en France, contre 60 800 aux États-Unis. Comment cet écart s'explique-t-il ? D'abord par la baisse de la durée du travail par personne observée en France. Les Français ont fait collectivement le choix de davantage de loisirs ! Mais il est vrai que les États-Unis constituent une exception. C'est l'un des rares pays où la durée du travail n'a pas significativement diminué depuis les années 1970. La comparaison avec l'Allemagne paraît plus pertinente. Par rapport à notre voisin, la chute du PIB par habitant de la France commence en 2005.

CHRISTIAN CHAVAGNEUX

étrangers que les autres pays européens. L'Hexagone compte quelques champions mondiaux (dans le luxe, l'aéronautique...) et BNP Paribas est aujourd'hui la banque européenne la plus puissante devant la Deutsche Bank, devenue l'établissement malade de l'Europe... Par ailleurs, la démographie française se porte mieux que celle de nos amis allemands et nous comptons moins de pauvres. On pourrait ainsi multiplier les indicateurs. Très bien, diront les pessimistes, mais il reste qu'au final, la France accumule les déficits publics et extérieurs. En somme, c'est un pays qui vit au-dessus de ses moyens.

LA CIGALE EST PLUS PUISSANTE QUE LA FOURMI

Depuis *La Cigale et la Fourmi*, en France on pense que vivre au-dessus de ses moyens est un signe de faiblesse. Car dans la fable, l'industrieuse fourmi, celle qui épargne, tient la vie de la cigale entre ses mains. Dans le rapport de force entre créancier et débiteur, c'est toujours le premier qui gagne. Pourtant, cela fait des décennies que les États-Unis vivent sur l'épargne des autres et c'est la première économie mondiale ! Oui, j'entends bien, la France n'a pas le dollar. Et alors ? Être capable de vivre, décennie après décennie, avec l'épargne des autres est un signe de force, pas de faiblesse. On peut souhaiter une industrie française plus vigoureuse pour plein de raisons. Mais, en attendant, la France fait financer son économie, facilement et à bas prix, par les autres.

MARC VIGNAUD

À l'époque, les Français sont 5 % moins riches que les Allemands. Une quinzaine d'années plus tard, juste avant la crise du Covid-19, l'écart a triplé pour atteindre 15 %. Ce creusement ne s'explique pas tant par le temps de travail que par un chômage hexagonal élevé et par la faiblesse des taux d'emplois chez les seniors et les jeunes. Outre-Rhin, il y a eu une forte hausse du nombre d'actifs employés par rapport à la population en âge de travailler entre 2005 et 2019, contrairement à ce qui s'est passé en France. Autrement dit, les Allemands sont plus riches car ils sont plus nombreux à travailler !

NOTRE INDUSTRIE RECULE

Le poids de l'industrie dans le PIB de la France est passé de 23 % en 1980 à 13,5 % du PIB en 2019, rappelle le Haut-Commissariat général au Plan. Ce recul concerne toute l'Europe, mais il est beaucoup moins important ailleurs. En 2019, l'industrie représentait encore 19,6 % en Italie ou 24,2 % en Allemagne. Le recul hexagonal est encore plus fort pour l'emploi industriel. Les effectifs ont diminué de moitié depuis 1980, pour s'établir à environ 12 % de l'emploi total. Or, l'industrie est pourvoyeuse d'emplois intermédiaires, en dehors des grandes métropoles notamment, précisément là où les Gilets jaunes se sont mobilisés.

LES IDÉES REÇUES

« La France était une grande puissance »

« C'ÉTAIT AUTRE CHOSE DU TEMPS DE DE GAULLE ! »

Le fait d'avoir eu un Louis XIV, un Napoléon et un de Gaulle laisse aux Français le sentiment qu'à plusieurs moments de l'histoire, notre pays a dominé le monde. Cela n'a jamais été vrai sur le plan économique ! Après avoir analysé la dynamique

« Concurrence et politique industrielle ne font pas bon ménage »

« LA POLITIQUE INDUSTRIELLE NE SERT À RIEN »

Pendant longtemps, la politique industrielle a eu mauvaise presse. L'État ne devait surtout pas intervenir. Un nouveau consensus se dessine aujourd'hui pour

CHRISTIAN CHAVAGNEUX

du capitalisme sur plusieurs siècles, le grand historien de l'économie Fernand Braudel concluait que « le capitalisme français n'est pas l'espace dominant de l'économie monde ». Allez si, peut-être, au XIIIe siècle, au moment où la Champagne organisait les plus grandes foires commerciales de l'Europe. Mais ça fait un paquet de temps !

« LA FRANCE RAYONNE »

La France a donné naissance à des innovateurs et à de grandes entreprises, mais elle n'a jamais été en position d'écrire les règles du jeu de l'économie mondiale. Depuis 1945, ce sont les États-Unis et leurs firmes qui donnent le *la*. La Chine aussi est montée progressivement en puissance, laissant l'Europe et la France en marge. En matière de nouvelles technologies, de divertissements, d'électronique, de santé, dans tous les secteurs porteurs, la France est absente et tout comme le reste de l'Europe (BioNtech, par exemple, la biotech allemande à l'origine du vaccin anti-Covid à ARN messager, n'a pu devenir un acteur clé que grâce à la puissance industrielle du géant américain Pfizer). En matière financière, le dollar domine, pas l'euro. Et les plus grandes banques mondiales sont chinoises et américaines. Et que dire des questions de sécurité/défense ? Les budgets des États-Unis n'ont aucun concurrent. La France est un petit pays économique dans un petit continent économique. Le marché européen a beau être important, c'est une scène de théâtre dont les grands acteurs viennent largement d'ailleurs.

MARC VIGNAUD

la réhabiliter. Pas celle de l'ère gaullienne avec l'État à la manœuvre, mais une politique plus adaptée à une économie « à la frontière technologique » et non en phase de rattrapage. Économiste spécialiste de l'innovation, Philippe Aghion recommande par exemple de créer les équivalents français et européens des organismes publics américains connus sous le nom de Darpa dans la défense et l'énergie ou de Barda dans le domaine de la santé. Ces agences financent les innovations de rupture dans des secteurs où la recherche fondamentale a été réalisée, mais où il faut passer à la commercialisation. C'est un peu l'ambition du Plan France 2030 dévoilé par Emmanuel Macron à la fin de son premier mandat, doté de 30 milliards d'euros sur cinq ans.

« LA POLITIQUE DE LA CONCURRENCE EUROPÉENNE EST RESPONSABLE DE L'ABSENCE DE CHAMPIONS EUROPÉENS DANS LE NUMÉRIQUE »

Comme le souligne l'économiste Thomas Philippon, la politique de concurrence européenne doit être préservée parce qu'elle permet d'éviter que de très grandes entreprises acquièrent le pouvoir de fixer les prix. L'accuser d'avoir empêché l'éclosion de géants européens du numérique serait vain. La politique de la concurrence est nécessaire, mais elle doit être complétée par une politique commerciale moins naïve. Elle doit bien sûr être adaptée là où c'est nécessaire : c'est déjà le cas pour les projets importants d'intérêt européen commun (PIIEC), cadre qui autorise les États membres à financer des secteurs afin de bâtir une autonomie stratégique vis-à-vis de la Chine et des États-Unis par exemple dans le domaine de la production des puces électroniques.

LA SOLUTION

CHRISTIAN CHAVAGNEUX

Arrêter de fantasmer !

L'ALLEMAGNE N'EST PAS UN MODÈLE

Il y a 20 ans, l'Allemagne était considérée comme « l'homme malade de l'Europe ». Elle a retrouvé des forces en adoptant une politique mercantiliste : un dumping salarial et social qui lui a apporté de la compétitivité (plus d'exportations) et a cassé sa demande intérieure (moins d'importations). Cependant, cette stratégie l'a rendue dépendante de la Chine et de la Russie (elle va désormais devoir payer longtemps son addiction au gaz et au pétrole russes). De plus, son système bancaire public (banques régionales et caisses d'épargne) qui finance l'industrie est truffé de mauvais prêts. Sans même parler du vieillissement démographique ou du taux de pauvreté élevé. En résumé, l'économie allemande a des qualités, mais les Français devraient arrêter de croire que c'est un modèle de réussite !

AMÉLIORER SANS RÉVOLUTIONNER

De start-up nation en plans d'investissements publics massifs, les dirigeants politiques rêvent de révolutionner l'économie française. L'améliorer progressivement serait déjà bien et les clés sont dans les mains des chefs d'entreprise : s'ils donnaient des emplois aux seniors, s'ils passaient plus de temps à innover qu'à réclamer des baisses d'impôts, s'ils dépensaient davantage en investissements qu'en dividendes, notre modèle économique et social s'en porterait bien mieux. Sans faire de nous pour autant une grande puissance économique, ce que nous n'avons, répétons-le, jamais été.

MARC VIGNAUD

Augmenter le taux d'emploi et simplifier la vie des industriels

FAIRE PROGRESSER LES TAUX D'EMPLOI

Vous voulez enrayer le déclin ? Dans ce cas, il faut faire remonter les taux d'emploi des jeunes et des seniors, comme le martèle le conseiller économique de la banque Natixis Patrick Artus. La réforme annoncée du lycée professionnel est, de ce point de vue, essentielle. Et même si Christian poussera des cris d'orfraie, augmenter le taux d'emploi des seniors passe probablement par une nouvelle réforme des retraites.

FACILITER L'INSTALLATION D'USINES

Il ne faut pas se contenter de baisser les impôts de production : installer une usine en France prend beaucoup trop de temps par rapport à ce qui se passe dans les pays voisins. Selon un rapport rédigé début 2022 par l'ancien numéro deux de Saint-Gobain, Laurent Guillot, il faut en moyenne 17 mois pour obtenir les autorisations nécessaires en vue de créer une usine en France contre 4 à 6 mois en Allemagne ! La solution ? Un interlocuteur unique en face du porteur de projet, par exemple le sous-préfet à l'échelle d'une région. Cela pourrait être un bon pas vers la réindustrialisation.

Révoltes sociales, secousses financières, pandémie mondiale : en France, on n'a pas de pétrole, mais, comme partout ailleurs, des chocs en permanence ! Comment pourrait-on ne pas être décliniste quand le mot « crise » revient dans l'actualité avec une rigueur de métronome ?

Pourtant, toutes les turbulences n'engendrent pas les mêmes crashs. Lorsque les révoltes de Mai 68 éclatent, de Gaulle redoute la « chienlit » et un accroc à une croissance solide de 5 %, en pleines Trente Glorieuses. Il a raison d'être inquiet : le PIB se contracte de fait de 2,7 % au premier trimestre de cette année-là. Un chiffre quasi équivalent à ce que pèsera le premier choc pétrolier, mesurable lors du premier trimestre de 1975.

On entend le même terme de « crise » lorsqu'éclate la bulle Internet en 2001-2002. Et à nouveau, dix ans plus tard, lorsque l'Europe s'inquiète des effets dévastateurs d'un défaut de paiement de la Grèce. Peut-être mais, tout compte fait, ces chocs-là ont eu un effet minime sur la croissance française.

C'est surtout le grand chambardement de 2008, à la suite de la faillite de la banque américaine Lehman Brothers et de l'effondrement du système des subprimes, qui a eu des répercussions, qui a fait chuter notre PIB de 2,9 % en 2009. Mais cela n'était encore rien par rapport à l'ébranlement du Covid, six fois plus grave. Rien qu'au deuxième trimestre 2020, le PIB a dévissé de 18,9 % par rapport à son niveau de fin 2019. Si toutes ces crises sont bien réelles, elles comportent des nuances...

Sources : OFCE / OCDE

Chers Français,
Depuis la pandémie de Covid-19, vous aimez si souvent parler de souveraineté. Tantôt pour souligner que vous devez rapatrier vos productions sur votre sol, tantôt pour blâmer les délocalisations que vous avez vous-mêmes enclenchées hier. Délocalisations ? Nous préférons parler d'offshoring, à l'anglaise : tellement moins péjoratif…
Il y a vingt ans déjà que vous aimez déplacer chez nous certaines de vos tâches que nous exécutons à moindre coût. Et ce, d'abord dans l'objectif de construire des voitures et des avions, de fabriquer des vêtements, de perfectionner des produits électroniques. Puis, peu à peu, vous nous avez confié certaines branches de vos services. Où sont basés nombre de vos centres d'appels de télécoms ? Vos structures informatiques pour l'e-commerce ? Vos affaires de contentieux bancaires ? Où ont décidé de venir vos Axa, vos BNP Paribas, vos Ubisoft ou vos Atos ? Dans notre royaume !
Notre pays est d'ailleurs devenu le numéro un de l'offshoring dans le monde francophone, devant la Côte d'Ivoire et le Sénégal.
En 2020, chez nous, cela représentait plus de 120 000 postes, et constituait même le premier pourvoyeur d'emplois, devant l'automobile qui a longtemps fait nos beaux jours. Cela comptait aussi pour 5 % de notre croissance, à en croire notre Fédération marocaine de l'externalisation des services, rattachée au patronat.
Désormais, nous avons notre savoir-faire et nous sommes fiers d'avoir aiguisé notre expertise en matière d'informatique, d'intelligence artificielle, de gestion des données, de marketing. Et nous gardons l'œil ouvert : certaines de vos entreprises seraient intéressées par des économies à réaliser sur des postes très qualifiés, des ingénieurs par exemple… À bon entendeur !

Amitiés marocaines

« Les urgences et les crises de ces dernières années nous ont donné de la lucidité »

JEAN-DOMINIQUE SENARD
Président de Renault

Jean-Dominique Senard a construit toute sa carrière dans le secteur industriel. Né en 1953, il est passé par le pétrolier Total, l'entreprise de matériaux Saint-Gobain, le géant de l'aluminium Pechiney (qui sera avalé par le canadien Alcan en 2005), puis par Michelin où il demeurera quatorze ans, évoluant de directeur financier à président du groupe. En 2019, celui qui croit à un capitalisme responsable, son expression fétiche, prend la tête de Renault et de l'alliance que le constructeur forme avec Nissan et Mitsubishi. Et ce, dans une période de turbulences où l'automobile doit repenser son modèle polluant et sa chaîne de production.

Total, Saint-Gobain, Péchiney, Michelin, aujourd'hui Renault : vous avez fait toute votre carrière dans l'industrie. Entre 1995 et 2015, on dit que le pays s'est vidé de la moitié de ses usines et d'un tiers de ses emplois. Diriez-vous que nous avons vécu des années de déclassement ?

Il est évident qu'on a vécu des années sombres et les chiffres sont assez durs. Pendant toute cette période, j'ai vécu des moments douloureux. Je garde un souvenir fort de la disparition de Péchiney, par exemple, un des grands fleurons français, et plus tard de Lafarge et d'autres encore. J'ai eu le sentiment qu'on perdait la maîtrise de notre industrie.

Quelles ont été les causes de ce recul ?

D'abord, la compétitivité de notre industrie a tout de même été mise à mal à travers le coût du travail. Quand je dis cela, ce n'est pas pour m'en plaindre, mais je constate un décalage de la France par rapport à ses concurrents étrangers, y compris en Europe. En France, les charges sociales demeurent plus importantes qu'en Espagne ou en Italie. S'ajoute à cela le phénomène des impôts de production. Tous, État et entreprises, on a trop souvent tardé à nous remettre en ordre de bataille. Il existait au fond une forme de carcan réglementaire et législatif en matière de droit social qui a conduit énormément de chefs d'entreprise à ne pas anticiper les événements.

Nicolas Dufourcq, le directeur général de BPI France, parle même, dans son livre sur la désindustrialisation, d'un contrat social contre l'industrie…

Oui, cela vient de loin : dès l'après-guerre, il y a eu une rupture entre le public et le privé. Rappelez-vous : les nationalisations étaient vues comme des sanctions. En réalité, ce qui manquait, c'était un lien entre ces deux mondes en vue d'objectifs partagés : le plein-emploi et l'industrialisation du pays. Aux États-Unis ou en Chine, ce principe est un impératif. Ajoutez à ça un déficit d'entreprises de taille intermédiaire, un manque récurrent de capitaux propres, mais aussi un déficit d'image :

pendant des années, les jeunes naturellement destinés aux études professionnelles étaient découragés de s'engager dans un apprentissage. Tout ça a pénalisé l'industrie française. L'un des meilleurs indicateurs reste le commerce extérieur : nous sommes aujourd'hui dans un record de déficit !

Et les industriels, n'ont-ils pas une part de responsabilité ? Aujourd'hui, chez Renault, la Clio 5 n'est plus fabriquée en France...

C'est vrai et c'est la conséquence de tout ça. À la décharge des dirigeants de l'époque, s'ils avaient continué à produire en France, les entreprises auraient disparu.

Vous suggérez un sauvetage quand d'autres y voient une désertion...

Quand on est menacés de disparaître, il faut bouger ! Aller fabriquer en Turquie ou ailleurs n'est pas une honte. Et puis, construire des usines à l'étranger peut aussi être une façon de faire rayonner l'entreprise, ce qu'on a souvent mal expliqué.

Maintenant, sommes-nous en train de changer de cap ?

Le diagnostic a été finement analysé, avec le rapport Gallois par exemple, dès 2012. Nous sommes en train de corriger nos défauts. Prenons le cadre de la réglementation sociale : les ordonnances Pénicaud [en 2017], dans la lignée de la loi El Khomri [en 2016], ont apporté une souplesse nécessaire. Elles ont donné leurs lettres de noblesse à la négociation sur le terrain. À moi, cela m'a par exemple permis de sauver des équipes chez Michelin : je pense notamment à l'usine de Roanne, qui était vouée à disparaître.

N'est-ce pas le Covid qui a été la claque qui nous a vraiment réveillés ?

Cela a accéléré l'histoire. Avec le Covid, on s'est remis à parler de nationalisme industriel, à compenser nos manques. Au-delà, la géopolitique nous y oblige : la guerre en Ukraine bien sûr mais même avant ça, les tensions entre les blocs mondiaux. On voit bien qu'on risque de se retrouver dépendant de puissances militaires et économiques qui ne sont pas forcément là pour nous aider. Prenez les matières premières : nous nous trouvons souvent dépourvus de cobalt, de nickel, de manganèse, de graphite, des métaux essentiels à la fabrication des batteries pour la transition énergétique. On a manqué d'anticipation là-dessus, contrairement aux Américains ou aux Chinois. Il ne faut pas être naïf : l'archipélisation du monde est en route pour longtemps et cela va engendrer des conflits. Si nous ne produisons pas ce qui nous manque, on a des soucis à se faire.

Comment rebondir ?

En parvenant à un consensus public-privé. Il faut que les chefs d'entreprise fassent le pari de la France. Chez Renault, je ne cache pas que cela peut être compliqué mais on y va : on maintient nos usines, à Douai, à Maubeuge et ailleurs. On a sauvé aussi le site de Flins qui devait fermer. Mais on l'a réimaginé et on est en train d'en faire l'usine la plus pointue d'Europe sur l'industrie circulaire automobile. On s'apprête à embaucher 2 500 opérateurs d'usine. C'est la première fois depuis des années ! Face à la fatalité, il faut sans cesse se réinventer et y croire.

Cependant, la transition écologique, avec la voiture électrique, va entraîner une diminution des postes...

Nos usines s'automatisent, c'est vrai, mais cela ne veut pas dire que l'on ne crée pas d'emplois. Cependant, ils requièrent des compétences différentes. Quand j'étais chez Michelin, par exemple, à un moment où j'annonçais certaines suppressions d'emplois, une de mes fiertés était que mes équipes avaient créé de toutes pièces à Clermont-Ferrand une usine de fabrication de machines d'imprimantes 3D métal. La robotisation et la digitalisation créent aussi des emplois.

Si on repense nos chaînes d'approvisionnement, cela a aussi des conséquences sur les prix. En bout de course, cette réindustrialisation, n'est-ce pas le consommateur qui va la payer ?

C'est un sujet délicat, en effet, et d'autant plus avec le retour de l'inflation. Parvenir à absorber ce choc pour qu'il ne mine pas trop le pouvoir d'achat, c'est un de nos grands défis. Aujourd'hui, on n'a pas la solution, je le confesse, mais on va faire tout ce qu'on pourra. Je suis optimiste. C'est souvent la prise de conscience qui est la plus dure à obtenir et nous l'avons désormais. Les urgences et les crises de ces dernières années nous ont donné de la lucidité.

Entretien réalisé le 8 juin 2022

EUROPE : LA FÊTE DES VOISINS ?

447 M

d'habitants vivent aujourd'hui dans l'Union européenne (UE), désormais composée de 27 pays depuis que le Royaume-Uni a mis les voiles lors du Brexit, voté par référendum en 2016. L'UE est davantage peuplée que les États-Unis où vivent environ 330 millions de personnes. Il faut y ajouter la Norvège, le Liechtenstein et l'Islande, pour former l'Espace économique européen (EEE), un territoire de 508 millions d'habitants, dans lequel services, capitaux, biens et personnes peuvent circuler théoriquement sans entrave. Une façon d'assurer la fluidité nécessaire au libre-échange.

–500€

Si le marché unique n'existait pas, chaque citoyen européen perdrait environ 500 euros par an, a calculé en 2018 la Commission européenne. De même, si chaque pays la jouait perso, 3,6 millions d'emplois disparaîtraient.

–3,6M EMPLOIS

6,2 %

des Européens environ sont en recherche d'emploi. Ce taux de chômage est en nette diminution depuis dix ans et s'est éloigné peu à peu des plus de 12 % qui inquiétaient les dirigeants de l'Union après la crise économique mondiale de 2008. Pour autant, des disparités existent toujours. Géographique, d'abord : les pays de l'Europe du Sud (Grèce, Italie, Espagne...) connaissent des taux de chômage plus importants que ceux de l'Europe du Nord (Pays-Bas, Suède, Danemark, Estonie...). De genre, ensuite : en Europe, si 73 % des hommes travaillent, ce chiffre tombe à 63 % lorsqu'il s'agit des femmes.

29 %

des Européens auront plus de 65 ans en 2060 (contre environ 20 % aujourd'hui) et 12 % auront plus de 80 ans. Bref, l'empire des seniors est devant nous ! C'est le bémol de l'Union. Et son défi majeur, tant la démographie joue en notre défaveur. L'ONU prévoit que la population européenne aura diminué de 5 % d'ici à 2050. Cela voudra dire moins d'actifs pour créer, travailler, innover, soigner, et davantage de retraites à financer...

Sources : Insee / Eurostat / ONU

Chers Européens,
Commençons par nous calmer. Nous savons bien à quel point, entre vous et nous, les choses ont pu s'envenimer ces derniers temps, mais laissez-nous quelques secondes pour exposer notre point de vue. Certes, nous avons, en mai 2021, claqué la porte des négociations entamées en 2014 autour de l'accord-cadre qui pourrait définir notre relation future et depuis, la communication n'est pas aisée et la signature pas encore en vue... C'est vrai, si nous étions membres de l'Union européenne, nous n'aurions pas à parlementer ainsi. Mais, depuis qu'en 1992, nous avons refusé d'entrer dans l'Espace économique européen (EEE) par référendum (50,3 % de non), il n'en est pas question. Comme on dit dans nos quatre langues officielles: nein danke, no grazie, na grazcha, non merci ! Jusqu'ici, pour le dire franchement, rien de ce que vous avez à proposer ne nous a totalement convaincus de vous rejoindre. Au fond, est-ce que les choses ne tournent pas déjà rond ? Nous avons négocié pendant des lustres 130 accords sectoriels pour établir des règles et faire en sorte que notre population de 8 millions d'habitants et la vôtre de 447 millions cohabitent et commercent. Nous avons des accords sur la sécurité, la recherche, la circulation des biens et des personnes...
Nous, l'union libre nous convient, d'autant que nous nous portons bien. Nos salaires sont bien plus confortables (environ 68 500 € annuels) que les vôtres, et notre taux de chômage (environ 2 %), trois fois plus faible en moyenne. L'Europe, qu'y gagnerions-nous ? Des directives venues de Bruxelles et une politique agricole commune sans être certain des conséquences ? Et puis, adhérer ferait probablement de nous l'un des plus gros contributeurs nets: en somme, nous donnerions davantage financièrement à l'UE que nous en recevrions. Pardon, mais pas besoin d'avoir la rigueur et la précision d'un horloger suisse pour comprendre que le compte n'y est pas... Alors bien sûr, vous nous direz trop neutres, profiteurs, pas assez solidaires voire égoïstes. Nous préférons dire: pragmatiques.

Amitiés suisses

L'EUROPE, NOTRE CHANCE OU NOTRE BOULET ?

CHRISTIAN CHAVAGNEUX | MARC VIGNAUD

LE PROBLÈME

Un continent dépassé

UN RETARD TECHNOLOGIQUE

Au nom du principe de la concurrence libre et non faussée, l'Europe a jusque très récemment refusé que les États aident au développement de champions puissants. Dans le même temps, les fonds publics américains et chinois soutenaient leurs entreprises technologiques qui dominent aujourd'hui le monde. On connaît les GAFAM américains. La Chine a ses équivalents, les BATX. Et bien plus encore : deux entreprises chinoises, détiennent 40 % du marché mondial de la télésurveillance, la Chine organise des réseaux intelligents de ville dans plus de 100 pays, Baidu et ses services de géolocalisation couvrent davantage de lieux dans le monde que le GPS américain ! Dans ce ping-pong technologique mondial, la France et l'Europe jouent le rôle du filet : elles regardent passer les balles.

UNE ABSENCE DE SOLIDARITÉ

Plus de 20 ans après la création de l'euro, on comprend qu'une union monétaire fait diverger les économies qui la composent au lieu de les rapprocher. Il faudrait des mécanismes de solidarité pour que les pays plus riches aident ceux qui ont des

Une zone euro imparfaite

UN BUDGET COMMUN À PÉRENNISER

Il faut distinguer l'Union européenne à 27 États de la zone euro à 19 membres. Concentrons-nous surtout sur la seconde. Vingt ans après la mise en circulation des pièces et billets le 1er janvier 2002, elle souffre toujours de ses défauts initiaux de conception, qui avaient conduit nombre d'économistes à se montrer sceptiques sur ses chances de succès. Assise sur le respect de la discipline budgétaire – suspendue pour faire face aux conséquences de la crise du Coronavirus – la zone euro manque d'une force de réaction budgétaire commune pour lutter contre les chocs qui touchent davantage certains pays plutôt que d'autres. Les États qui la composent rechignent à s'engager sur la voie du fédéralisme budgétaire parce que cela nécessiterait d'accepter un abandon de souveraineté. De ce point de vue, le plan de relance européen pour affronter la crise sanitaire, NextGenerationEU, constitue un progrès. Reste que ce plan de relance devra être remboursé à partir de 2028, sur trente ans. En attendant, les ressources propres qui sont censées y contribuer ne sont pas encore actées. Si bien que l'inquiétude sur la capacité de l'Italie à affronter

CHRISTIAN CHAVAGNEUX

difficultés. Ils n'existent pas : aux États qui rencontrent des problèmes budgétaires, on réclame l'austérité et des « réformes structurelles », c'est-à-dire une flexibilisation du marché du travail et une réduction de la protection sociale, comme après la crise de la zone euro de 2010-2012. À ceux qui, comme l'Allemagne, s'engagent dans une politique mercantiliste de dumping fiscal et social et accumulent les excédents commerciaux, on ne dit rien.

MARC VIGNAUD

la « stagflation » (l'inflation sans croissance) a ressurgi après l'éclatement de la guerre russe en Ukraine.

UNE CONVERGENCE QUI N'A JAMAIS EU LIEU

L'espoir des concepteurs de la zone euro était qu'elle conduise à une convergence des économies et des niveaux de vie grâce à l'allocation de l'épargne là où elle serait la plus rentable, c'est-à-dire dans les pays en phase de rattrapage. Or, c'est l'inverse qui s'est produit. Comme l'avait prédit le prix Nobel d'économie Paul Krugman, l'industrie s'est concentrée là où elle était déjà puissante, en Allemagne, pour profiter de sa main-d'œuvre qualifiée et réduire les coûts de transport.

LES IDÉES REÇUES

« Ça va mieux » ou « ça n'ira jamais »

« L'EUROPE A CHANGÉ »

C'est ce que croient les optimistes. La pandémie a fait accepter à l'Union européenne les déficits budgétaires et même les débuts d'une dette commune et d'un plan de relance commun pour que tous les pays s'en sortent ensemble. Mais l'Allemagne et les Pays-Bas, entre autres, affirment qu'il faut revenir vite à l'austérité budgétaire pour réduire les dettes publiques liées à la pandémie. La guerre en Ukraine a permis une réponse coordonnée face à la Russie. Mais chaque dirigeant a négocié des ressources en gaz pour son propre pays.

« L'EUROPE VA RATTRAPER SON RETARD DANS L'INDUSTRIE ET LA TECH »

La Commission a enfin accepté des projets technologiques communs dans les batteries électriques, les puces, le cloud, pour développer l'autonomie stratégique du continent. Beaucoup de projets mais avec peu de moyens ! Un seul exemple : la Commission européenne met 2 milliards d'euros sur la table pour développer

« Il existe une solution miracle »

« IL FAUT SORTIR DE LA ZONE EURO »

Ce pari ultra-risqué consisterait à s'emparer de l'arme de la dévaluation monétaire, dans l'espoir de regagner en compétitivité par la relance des exportations. Le problème, c'est que cette arme n'est pas toujours efficace quand le contenu des exportations du pays est riche en pièces importées. « Peut-être n'aurait-il pas fallu faire l'euro, mais en sortir susciterait une crise financière terrible. Aussi bien les pays créditeurs que les pays débiteurs seraient ruinés », prévient Patrick Artus, conseiller économique de la banque Natixis.

« ON PEUT CONTINUER AVEC UNE ZONE EURO TELLE QU'ELLE FONCTIONNE ACTUELLEMENT »

« Monnaie sans État, l'euro reste une construction spécifique », rappelle François Villeroy de Galhau, le gouverneur de la Banque de France. Ne pas le faire évoluer serait « dangereux », estime-t-il, dans un euphémisme tout technocratique. Afin de consolider la monnaie unique, la France devra reprendre le contrôle sur ses finances

CHRISTIAN CHAVAGNEUX

un cloud à l'échelle du Vieux Continent et espère mobiliser 8 milliards d'euros d'argent privé, en sept ans. C'est moins que les investissements d'Amazon dans le domaine... en un trimestre.

« SI L'EUROPE NE NOUS CONVIENT PAS, DÉSOBÉISSONS-LUI ! »
Puisque l'Europe nous coince dans l'austérité et le retard technologique, il n'y a qu'à en sortir ou bien désobéir à ses règles ? Une fausse solution. La France seule serait un nain encore plus petit dans les technologies de pointe. Et une sortie de l'euro ferait douter les investisseurs financiers de notre volonté de rembourser notre dette extérieure. Son coût grimperait fortement et obligerait à revenir à une austérité sévère.

MARC VIGNAUD

publiques. À moins de courir le risque que les pays frugaux, comme l'Allemagne ou les Pays-Bas, encore modérément endettés, ne soient tentés d'arrêter l'expérience. Il faudrait aussi que l'épargne abondante des pays du Nord serve à financer les besoins d'investissements dans les pays du Sud. Cela nécessite de construire ce qu'on appelle « l'union des marchés des capitaux », ce qui est loin d'être évident et reste peu porteur politiquement.

LA SOLUTION

Un changement radical

BOOSTER L'EUROPE
Il faudrait accroître substantiellement les investissements technologiques, notamment dans la transition énergétique. Il faudrait une dette et un système bancaire plus intégrés pour faciliter le financement des économies. Il faudrait remettre en cause les paradis fiscaux européens (Irlande, Pays-Bas, Luxembourg, Malte). Il faudrait une politique agricole commune qui donne la priorité à l'agroécologie sur le productivisme. Il faudrait... tant de choses qui ont si peu de chance d'aboutir que l'Europe est condamnée à rester une petite puissance économique subalterne. Et la France en son sein.

Réformer

FAIRE ÉVOLUER L'UNION EUROPÉENNE
L'Union européenne doit elle aussi affronter de nombreux défis. Depuis peu, elle mène une politique industrielle plus offensive, à travers ses Projets importants d'intérêts communs, un cadre dérogatoire qui autorise les pouvoirs publics des États membres à financer des initiatives au-delà des limites fixées en matière d'aides d'État. Il s'agit d'investir massivement dans les technologies de pointe pour défier les géants américains et chinois. Le chantier est sans doute aussi institutionnel : Emmanuel Macron défend la tenue d'une nouvelle convention afin de discuter d'une réforme des traités. L'idée serait d'aller vers moins de décisions prises à l'unanimité des États membres pour faire avancer le Vieux Continent plus rapidement. L'idée d'une Europe à plusieurs vitesses gagne aussi du terrain.

L'Europe

LE PLOMBIER POLONAIS EST-IL TOUJOURS UN CONCURRENT DÉLOYAL ?

Au printemps 2005, une menace plane sur l'Europe. Elle vient de l'est. Elle porte un visage, celui d'un plombier polonais, et un nom, Bolkestein. Cette « directive services » défendue par le commissaire au marché intérieur prolonge celle de 1996 autorisant des travailleurs à être détachés dans un autre État membre pour exercer une mission temporaire. Ils doivent être rémunérés aux conditions du pays d'accueil, mais les cotisations sociales restent celles du pays d'origine. De quoi offrir un avantage compétitif aux pays à « bas coûts » salariaux. Pour rectifier le tir, une révision de la directive octroie en 2018 à ces travailleurs une rémunération égale. Autrement dit, le SMIC ne suffit plus : ils doivent bénéficier des primes, avantages et conditions de travail des locaux. La lutte contre la fraude reste perfectible mais, au final, le plombier polonais n'a pas vraiment concurrencé l'artisan français. En 2019, le recours au travail détaché concernait 0,4 % de l'emploi national. Et si l'Hexagone est le deuxième pays d'accueil pour ces salariés, il est le quatrième pays d'envoi vers l'Europe. On est toujours le plombier polonais de quelqu'un d'autre !

LE SMIC EUROPÉEN METTRA-T-IL DU BEURRE DANS MES ÉPINARDS ?

Dans les épinards de l'Hexagone, où le salaire minimum est déjà élevé, ce n'est pas sûr du tout ! Mais, l'impact de la future directive relative aux « salaires minimums adéquats » sur laquelle les États membres et le Parlement européen, se sont accordés en juin 2022 est plus large. Il s'agit d'améliorer, d'une part, le niveau des SMIC locaux (21 pays en possèdent un, allant de 330 euros en Bulgarie à 2 200 euros au Luxembourg) et leurs mécanismes d'augmentation, d'encourager, d'autre part, la signature d'accords sur les salaires dans les pays où moins de 30 % des salariés sont couverts par une convention collective. En revanche, pas question d'obliger les États qui en sont dépourvus à créer un SMIC, ni de fixer un montant uniforme pour tous les Européens. Le cadre de cette directive est finalement peu contraignant. Les salaires minimums ne sont certes pas, à eux seuls, en mesure de réduire la part de travailleurs pauvres, passée de 8,1 % en 2005 à 9,6 % en 2018. Mais ils contribuent indéniablement à la résorption des inégalités. À terme, ils permettraient de limiter le dumping social, ce qui, *in fine*, est très bon pour mes épinards !

L'EUROPE PROTÈGE-T-ELLE ASSEZ SES LANCEURS D'ALERTE ?

Un ex-consultant de PwC met au jour le scandale des LuxLeaks sur des accords d'optimisation fiscale, une ex-employée municipale espagnole révèle un réseau de corruption des élus... Chapeau ! Ces actes de bravoure valent pourtant à leurs auteurs des retours de bâton : perte d'emploi, menaces, et procès sans fin. Passée un peu inaperçue, la directive européenne sur les lanceurs d'alerte adoptée en 2019 devrait changer la donne. Elle renforce leur protection lorsqu'ils sont témoins d'actes illicites ou contraires à l'intérêt général, dans le cadre de leur travail. Les États membres sont tenus de prendre des mesures pour qu'ils puissent signaler les faits, en interne ou via un canal extérieur. Par ailleurs, c'est à ceux qui exercent des représailles de prouver qu'elles n'ont rien à voir avec les faits dénoncés, et pas l'inverse. Cette directive qui prévoit aussi une réparation financière pour les préjudices subis, doit être transposée dans le droit national des vingt-sept. En France, c'est chose faite depuis mars 2022.

« Une nouvelle géopolitique des chaînes de valeur est apparue »

THIERRY BRETON
Commissaire européen au marché intérieur

Ingénieur de formation, mordu de mathématiques et de physique quantique, Thierry Breton, né en 1955, a construit sa carrière entre privé et public, capable de naviguer aussi bien dans le monde de l'entreprise que dans les sphères politiques. Sa réputation de redresseur de sociétés à la dérive ou de dénicheur de compromis difficiles lui a valu d'être tour à tour PDG de Thomson, de France Telecom et d'Atos. Mais aussi ministre de l'Économie et des Finances sous Jacques Chirac, et enfin, depuis 2019, commissaire européen au marché intérieur. Un large portefeuille qui coiffe les entreprises comme la production de vaccins contre le Covid, le numérique ou la défense.

Vous avez connu l'Europe en tant que chef d'entreprise, ministre des Finances, puis commissaire européen. Quel regard portez-vous sur ces dix dernières années ?

Il y a eu un avant et un après Brexit. L'Europe, au moment où les Britanniques y participaient, était surtout tournée vers le consommateur roi et les industries passaient derrière. Il régnait une forme de naïveté, pendant que les États-Unis et la Chine, eux, fixaient des règles pour se protéger. Face à eux, nous étions les bons élèves de la classe. Lorsque les Britanniques ont quitté l'Union européenne, nous avons proposé une nouvelle politique économique, fondée sur trois piliers : le verdissement de l'économie avec un objectif zéro carbone en 2050, la transition numérique et la résilience industrielle.

Nous avions donc conscience, avant même la crise majeure du Covid-19, que cette ancienne doxa européenne nous menait dans le mur ?

Beaucoup d'entreprises européennes se plaignaient légitimement du manque de réciprocité : la concurrence face aux États-Unis ou à la Chine était inéquitable. Il m'a fallu du temps pour convaincre mes collègues commissaires que nous devions changer d'approche. Cela ne signifie pas que nous avons fermé nos frontières, cela signifie que nous avons imposé nos critères. Le débat de fond était : voulons-nous être un continent ouvert par défaut ou selon nos conditions ? J'ai présenté notre nouvelle approche le jour où l'OMS a reconnu publiquement que le Coronavirus était une pandémie…

Le Covid a-t-il renforcé l'idée que l'Europe devait changer de boussole ?

Oui, notamment avec la production et la livraison des vaccins. Nous avions au départ 52 usines en Europe pour les fabriquer mais elles n'avaient pas les approvisionnements suffisants. Les États-Unis nous empêchaient d'importer les composants nécessaires depuis nos usines européennes basées chez eux. J'ai dû prendre contact avec Jeffrey Zients, le coordinateur américain sur le Covid, qui maintenait que ce n'était pas possible de laisser partir ces composants tant que les États-Unis n'auraient pas atteint l'immunité collective, quand bien même c'étaient nos usines ! Voilà le monde dans lequel on vivait ! J'ai donc plaidé pour un outil de réciprocité : nous avons imposé aux Américains des règles similaires et ils ont bien dû accepter de discuter. À partir de là, on a trouvé des solutions et l'Europe est devenue le premier continent au monde à produire et à vacciner. C'est là qu'est apparue une nouvelle géopolitique des chaînes de valeur. Est-ce du protectionnisme ? Non, mais c'est la fin de la naïveté.

Depuis février 2022, la guerre en Ukraine a aussi rebattu les cartes...

Cette guerre nous confirme que les relations commerciales ne passent pas avant le contexte géopolitique. Vladimir Poutine, on le sait, méprise l'Europe. Avoir à ses frontières la première démocratie au monde lui est insupportable. Depuis le début, il cherche à briser le projet européen. On a vu avec le scandale Cambridge Analytica et les médias Russia Today ou Sputnik à quel point la propagande russe voulait saper nos démocraties. Ou avec l'usage tragique des migrants à la frontière biélorusse, une de ces attaques hybrides dont Poutine est le spécialiste.

Et, au printemps 2022, avec le chantage au gaz...

Bien sûr ! Ça ne trompe personne. Un jour, cette guerre se terminera, espérons-le, mais ce comportement agressif va laisser des traces. Plus rien ne sera comme avant. Désormais, il nous faut nous délester de toutes nos dépendances vis-à-vis de la Russie.

À vous entendre, en 3 ans, l'Europe se serait transformée davantage qu'en 30 ans ?

Les historiens le diront. Mais notre marché intérieur est le premier du monde : il faut donc l'utiliser au mieux dans un contexte géopolitique donné.

Et parvenir à l'autonomie ?

Je me méfie de ce mot, comme de celui de souveraineté. Croire qu'on doit se replier, non. Jamais l'Europe ne pourra tout produire par elle-même, il est absurde de dire qu'il faut ramener toutes les usines en Europe. C'est un équilibre que nous devons trouver entre ouverture et régulation.

Nous ne vivons donc pas une démondialisation ?

Pas du tout, nous sommes dans une autre mondialisation, c'est tout. Aujourd'hui, par exemple, beaucoup de métaux rares viennent de Chine mais on sait aussi que les Chinois ont besoin d'avoir un accès à notre marché européen. La Chine est une superpuissance, mais nous aussi ! La Chine ne peut pas faire ses 6 % de croissance annuelle avec son seul marché intérieur. Or, sans croissance, une situation sociale intenable guette le pays... Aucun gouvernement chinois ne prendra le risque de se fermer sur lui-même.

Quand Janet Yellen, la secrétaire d'État au Trésor américain, parle de « mondialisation entre amis », vous approuvez le concept ?

Pour avoir vécu des jours et des nuits comme responsable de la politique de vaccins, je peux vous dire qu'il n'y avait plus d'amis ! Ça, je ne l'oublierai jamais. En 2020, à Davos, avec Ursula von der Leyen et le commissaire Phil Hogan, nous avions rencontré Donald Trump. Il nous a dit tout de go : « L'Europe et l'Otan, ça ne m'intéresse pas. » C'était le président des États-Unis, théoriquement c'était « entre amis »...

L'Europe doit assumer un autre bras de fer, celui qui l'oppose aux grandes entreprises américaines, comme les GAFAM, qui sont plus riches que certains États...

Soyons clairs : aucune entreprise ne peut résister devant un État. Un État, c'est le peuple, on n'y résiste pas : les entreprises doivent s'adapter, pas l'inverse. Cela a été ma ligne directrice en proposant le *Digital Markets Act* (DMA) qui interdit les comportements prédateurs dans l'espace informationnel, et le *Digital Services Act* (DSA) qui assure que l'État de droit s'applique aussi dans cet espace. À grands chiffres d'affaires, grandes responsabilités ! Quand ces entreprises viennent en Europe, elles doivent se conformer à nos règles.

Et nous, pourquoi n'avons-nous pas de géant numérique européen ?

Si Facebook a été créé aux États-Unis et non en Europe, c'est avant tout parce qu'à l'époque de sa création, les fondateurs avaient directement accès à un marché de 310 millions de consommateurs là-bas, alors que nous possédions 28 marchés qui ne se parlaient pas entre eux. Maintenant que nous avons un marché unifié dans le numérique, beaucoup de choses vont changer.

Entretien réalisé le 25 juin 2022

C'EST QUI LE PATRON ?

20 900 milliards $

C'est ce que pesait en 2020 le PIB des États-Unis, contre 14 720 milliards pour la Chine (et 14 476 milliards d'euros pour l'Union européenne). En vingt ans, la production de richesses de la part de l'empire du Milieu a explosé, semblant lancée à grand train pour rattraper peu à peu les puissances occidentales.

Pour autant, si l'on s'intéresse à la mesure du PIB par habitant, la tendance est à nuancer, pointent les données de la Banque mondiale pour l'année 2021 : d'environ 69 000 dollars par Américain, son niveau chute à environ 12 500 par Chinois. Plus de cinq fois moins.

992

milliardaires vivaient en Chine (Hong Kong compris) en 2020. Cette année-là, on découvrait que les super-riches habitaient désormais plus souvent un loft à Shanghai ou Pékin qu'une grande bâtisse avec piscine sur les hauteurs de Los Angeles. Certes, les États-Unis gardent sur leur territoire 696 milliardaires, d'Elon Musk à Jeff Bezos, mais la Chine épate les étrangers avec la vitesse fulgurante à laquelle certains de ces tycoons accumulent des sommes stratosphériques, qu'ils supervisent TikTok, des entreprises d'électroménager ou d'eau en bouteilles. Mais il y a un revers : accusations de position dominante ou interdiction d'entrée en Bourse. Face au pouvoir central qui craint leur toute-puissance, les milliardaires du pays se sont mis à multiplier les dons afin de rester en grâce...

+689 milliards $

Voilà l'excédent commercial de la Chine en 2021. Un record. 14,5 % des échanges mondiaux passent désormais par ce pays, qui exporte en masse fer et acier, matériel médical, smartphones et ordinateurs. En face, les Américains l'ont mauvaise : la même année, ils affichaient 859 milliards de dollars... mais côté déficit !

69 000

demandes de brevets ont été déposées par la Chine ces dernières années, contre environ 60 000 pour les États-Unis, historiquement numéro 1 dans ce domaine avant que la tendance ne s'inverse à partir de 2019. Vraies innovations ou dépôts massifs pour épater la galerie ? Le gouvernement chinois ne manque en tout cas pas une occasion de mettre en scène ses chiffres, en soulignant que Huawei, son géant des télécoms, est à la pointe sur ces efforts de recherche.

Sources : FMI / OCDE / Banque mondiale / Hurun

Chers Français,
Nous vous écrivons depuis le port de conteneurs de Shanghai, le premier au monde. Vous n'y êtes peut-être jamais venus mais, sans le savoir, vous en êtes familiers. Tout un paysage de parallélépipèdes de métal multicolores, empilés à perte de vue.
De grands bras d'acier rouges les soulèvent pour les déposer sur d'immenses porte-conteneurs qui sillonnent ensuite les océans. Direction ? Chez vous, chers partenaires ! Car c'est d'ici que partent vos vêtements, vos jouets, vos robots ménagers, les batteries de vos voitures électriques…
Nous sommes devenus l'usine du monde et le premier pays exportateur de la planète. Européens, Américains, nous vous vendons plus que nous ne vous achetons. Longtemps, cela ne vous a pas gênés. Vos industriels avaient les yeux brillants à l'idée de mettre un pied sur notre marché d'un milliard de clients potentiels, et de trouver des salariés pour pas cher.
Mais vingt ans après notre adhésion à l'Organisation mondiale du commerce, en 2001, la réémergence fulgurante de notre empire fait grincer vos dents occidentales ! Vous avez vu la guerre commerciale que nous a déclarée Donald Trump en 2018 ? L'administration de Joe Biden continue de nous reprocher trop de subventions, trop de soutiens à nos entreprises et trop de barrières aux compagnies étrangères. Vous dites concurrence faussée ? Chez nous, ça s'appelle le capitalisme d'État.
Maintenant, vous Européens, nous qualifiez de « rival systémique » et voyez nos nouvelles routes de la soie, notre Belt and Road Initiative, *comme un projet de domination. Nous construisons des ports au Sri Lanka, des ponts au Pakistan, des voies ferrées en Éthiopie, des aéroports en Ouganda. Et ce qui vous a le plus fait bondir, c'est lorsque nous avons pris le contrôle du port du Pirée en Grèce ou lorsque nous avons racheté le fleuron des robots industriels allemands.*
D'ici 2030, nous pourrions devenir la première économie mondiale devant les États-Unis, et y gagner en capacité d'influence. Avec, pour défis, de faire rayonner notre technologie et imposer nos normes. Vous connaissez peut-être l'adage local ? « Celui qui ne profite pas des circonstances n'est pas un sage. »

Amitiés chinoises

LA FINANCE, UNE PUISSANCE INVISIBLE ?

CHRISTIAN CHAVAGNEUX

MARC VIGNAUD

LE PROBLÈME

Obésité, opacité, instabilité

OBÉSITÉ

Le poids de la finance dépasse largement le besoin de financement des économies. Prenez les banques françaises. Le total de leurs activités est de l'ordre de 10 000 milliards d'euros, soit environ quatre fois le PIB de l'Hexagone. Si l'on se place au niveau mondial, les contrats de produits financiers sophistiqués, qui sont principalement échangés entre acteurs de la finance, représentent six fois le PIB mondial. La finance est devenue trop grasse.

OPACITÉ

Un problème d'autant plus important que l'on ne sait pas trop qui possède quoi en termes financiers au niveau mondial. Et surtout on ignore qui a pris quels risques en s'endettant, et à quelle hauteur. Un vrai souci. On en a eu un exemple flagrant quand les Occidentaux ont voulu saisir les actifs financiers des oligarques russes après le déclenchement de la guerre en Ukraine en 2022. Pas facile de savoir avec précision ce qu'ils détenaient et où. Autre exemple ? Les investissements des multinationales

La finance pose un risque systémique

DÉRESPONSABILISATION

« Mon véritable adversaire, il n'a pas de nom, pas de visage, pas de parti, il ne présentera jamais sa candidature, il ne sera jamais élu et pourtant il gouverne. Cet adversaire, c'est le monde de la finance », avait lancé François Hollande lors d'un discours de campagne au Bourget en 2012. On peut comprendre cette diatribe, prononcée seulement quelques années après l'éclatement de la crise des « subprimes » de 2008… Cette dernière, qui a pesé pendant des années sur l'économie des pays de la zone euro, illustre les multiples dérives possibles de la finance. Les acteurs financiers ont toujours tendance à prendre davantage de risques dans l'espoir de gagner beaucoup. Avant 2008, les banques ont par exemple abusé de la titrisation, une technique permettant de sortir leurs prêts de leurs bilans, en les revendant sous forme de titres financiers à divers acteurs. L'intérêt est d'obtenir de l'argent immédiatement afin de pouvoir l'utiliser pour d'autres activités. Sauf que cette technique

CHRISTIAN CHAVAGNEUX

à l'étranger : selon différentes estimations, entre un tiers et la moitié de ces flux financiers sont bidon, des opérations de papier effectuées pour contourner les lois fiscales ou les réglementations publiques.

INSTABILITÉ

Une finance imposante et opaque est source de dérapages. Depuis le début des années 1970, le monde a connu une succession de crises financières, culminant avec celle des subprimes en 2008 qui a failli emporter le système bancaire mondial. L'économiste britannique John Maynard Keynes a expliqué dès les années 1930 les rouages de ces dérapages. Ils sont fondés sur les comportements moutonniers : on pense généralement que pour emporter la mise, il faut faire l'inverse des autres, mais c'est le contraire, les investisseurs financiers ont tendance à acheter/vendre tous en même temps, provoquant des mouvements excessifs. C'est la condition pour gagner de l'argent et, surtout, ne pas en perdre ; quelques fonds très spéculatifs peuvent tenter de jouer contre le marché, mais le résultat est rarement là. Et comme il faut jouer gros pour gagner gros, on emprunte pour parier. Ce qui conduit à des bulles de crédit, suivies de bulles financières... qui finissent par éclater. À ce moment-là, la finance spéculative s'effondre. Mais celle qui finance l'économie aussi !

MARC VIGNAUD

déresponsabilise les banques, qui savent qu'elles ne subiront pas les conséquences d'un non-remboursement. Petit à petit, elles se sont mises à transférer une partie de plus en plus importante des risques pris sur leurs prêts, plutôt que d'en garder l'essentiel dans leurs comptes comme elles le faisaient auparavant.

« TOO BIG TO FAIL »

Les grandes banques sont souvent considérées comme « *too big to fail* » (« trop grosses pour faire faillite »), selon l'expression des Anglo-Saxons. Cela implique pour les États de voler à leur secours en cas de problème, sauf à laisser une crise financière se propager.

LES IDÉES REÇUES

« Laisser tout faire ou tout supprimer »

« LES BANQUIERS SAVENT GÉRER »

Quand une bulle de crédit est en train de gonfler, les banquiers ne veulent pas de régulation : « Laissez-nous faire, on sait mieux que n'importe qui quels risques on prend, on n'est pas fous ! » En fait, si. Pour toutes les grandes crises financières de l'histoire, on peut montrer que les contrôles des risques effectués en interne par les banques ont été défaillants. Même quand il y a des limites strictes : l'appât du gain

« La finance, on pourrait s'en passer »

« LA FINANCE EST FORCÉMENT TOXIQUE »

La finance est essentielle pour notre système économique. Composée des banques, mais aussi des marchés financiers, ou encore des fonds de pension, des assureurs, ou des réassureurs, elle sert à financer les entreprises à tous les stades de leur développement, de la jeune pousse jusqu'aux grands groupes du CAC 40, mais aussi les ménages ou encore l'État lui-même. Elle sert également à les couvrir

CHRISTIAN CHAVAGNEUX

est trop fort, on passe outre. Quand la bulle explose, les banquiers font le dos rond quelques années. Puis, ils repartent en guerre contre les régulations que la dernière crise en date a suscitées.

« LA FINANCE DE MARCHÉ NE SERT À RIEN »

À l'inverse, certains pensent qu'il faut interdire aux banques de créer de l'argent ou de faire crédit. « Y a qu'à supprimer la spéculation », disent-ils. En nationalisant les banques ? Publiques ou privées, elles peuvent prendre trop de risques (souvenons-nous du Crédit Lyonnais dans les années 1990, une banque publique qui a pris des paris fous et les a perdus). Il ne faut pas supprimer les banquiers et les financiers, c'est grâce à eux que l'on obtient les crédits qui permettent d'investir, le capital qui permet de se développer et que les États financent leur dette publique. Même certains produits spéculatifs ont du bon : ils permettent à des entreprises de se protéger contre les variations des cours du pétrole, du gaz ou des taux de change ; ils rendent possible le fait que les banques reçoivent nos dépôts, que l'on peut retirer quand on veut et, en même temps, qu'elles nous prêtent sur quinze ou vingt ans pour acheter un logement.

MARC VIGNAUD

contre certains risques. Par exemple, quand une entreprise exporte et doit faire face à une incertitude sur le taux de change en commerçant avec une autre monnaie que celle de son pays. La finance leur propose des produits dérivés. Les CDS (*credit default swap*, en anglais) permettent ainsi à une entreprise de se prémunir contre la faillite d'un client important.

« LA FINANCE NE SERT QUE LES FINANCIERS »

Traditionnellement, les banques assurent la mise en relation des épargnants et des emprunteurs potentiels. Leur cœur de métier a été longtemps de recueillir l'argent de la population pour financer des prêts à d'autres ménages, ou à des entreprises qui cherchent à se développer. Elles jouent alors un rôle de tri, plutôt sain, entre les projets et leurs risques. Elles optimisent ainsi l'allocation des ressources disponibles. Les banques sont les clés pour marier le présent et le futur : elles transforment des dépôts, dont certains peuvent être retirés à tout moment par les clients, en prêts à long terme. Elles gèrent donc un risque de maturité et de liquidité. Sans finance, la croissance serait beaucoup moins élevée.

LES SOLUTIONS

Réguler davantage

COURIR TROIS LIÈVRES À LA FOIS

La finance idéale, c'est celle qui permet d'avoir des taux d'intérêt pas trop élevés, des banques rentables et de la stabilité. Problème : c'est dur d'avoir les trois à la fois ! Si les taux sont modérés, pour être rentables, les banques vont prendre trop de risques. Si elles sont très encadrées avec des taux bas, elles ne sont pas rentables. Il faut donc trouver un subtil équilibre entre les trois objectifs.

Compléter l'union bancaire européenne

APRÈS LA CRISE DE 2008, LES BASES D'UNE NOUVELLE RÉGULATION ONT ÉTÉ POSÉES

Depuis la chute de Lehman Brothers, en 2008, la régulation du système financier a été renforcée. Les banques, notamment, sont soumises à des exigences de prudence plus importantes. C'est la réglementation définie par les accords dits de Bâle III, en 2010, issus du Comité de Bâle qui regroupe les régulateurs de 28 grands pays. Schématiquement, celles-ci doivent garder davantage

CHRISTIAN CHAVAGNEUX

FAIRE PAYER LES RISQUES

Pour développer leurs activités, les banques utilisent nos dépôts, elles empruntent de l'argent et elles ont leur capital. Un bon principe de régulation est de dire aux banques : plus vous prenez de risques, plus vous devez les financer avec votre propre capital. Et faire payer vos actionnaires s'il faut éponger des pertes. Les banquiers n'aiment pas ça et c'est une vraie contrainte pour eux, raison pour laquelle ils se battent comme des chiffonniers contre les régulations qui vont en ce sens. Elles sont pourtant nécessaires : l'histoire montre que les banques les mieux capitalisées sont les moins risquées. Prochaine étape ? Suivre le même principe : obliger les banques à financer avec leur capital les projets d'énergies fossiles. Elles doivent prendre leur part dans la lutte contre le réchauffement climatique.

MARC VIGNAUD

d'argent en réserve pour faire face à leurs engagements. Un « ratio de levier », qui ne fait pas dans la dentelle, doit être respecté. Lorsqu'une banque prête 100 euros, elle doit désormais avoir au moins 3 euros de fonds propres, quel que soit le risque attaché aux prêts. Cette exigence fixée à 3 % n'est pas très élevée mais peut être augmentée pour les banques dont la taille influe sur l'ensemble du système financier mondial (banques dites « systémiques »), qui font l'objet d'une attention particulière. Elle s'ajoute aux exigences de fonds propres calculées en fonction du risque évalué pour chaque opération (prêts, détention d'actions, ou de titres de dette des États ou d'entreprises, etc.).

MAIS IL FAUT RESTER VIGILANT

Depuis 2013, si une banque de la zone euro fait faillite, la réglementation prévoit de faire payer d'abord ses actionnaires (jusqu'aux déposants qui y détiennent plus de 100 000 euros) plutôt que le contribuable lorsqu'un renflouement est nécessaire. Un fonds « de résolution » de 55 milliards d'euros progressivement abondé par les banques a aussi été mis en place, dans le cadre de l'Union bancaire de la zone euro, afin d'absorber une partie des pertes après la mise à contribution des créanciers et des actionnaires de la banque. Il n'est pas sûr que la nouvelle réglementation adoptée ces dernières années soit suffisante pour éviter une crise financière. Elle doit constamment pouvoir s'adapter aux évolutions du secteur.

Longtemps, l'économie était un terrain exclusivement masculin. Ces dernières années, de plus en plus de femmes ont réussi à s'y faire une place : les voici enfin aux manettes ou au sommet de la pensée économique.

Pionnière, pourquoi ?

- Première femme et première personnalité non américaine à la tête de Baker McKenzie, un des plus grands cabinets d'avocats d'affaires des États-Unis (1999-2005).
- Première femme ministre de l'Économie à Bercy (2007-2011).
- Première femme à la tête du Fonds monétaire international (2011-2019).
- Première femme présidente de la Banque centrale européenne (2019-...).

Sa mission ?

À la Banque centrale européenne (BCE), dompter l'inflation autour de 2 %.

Ce qu'elle dit ?

« Si Lehman Brothers s'était appelé Lehman Sisters, le monde serait sans doute bien différent aujourd'hui. » (2018, dix ans après la crise financière).

Pionnière, pourquoi ?

- Première Française, deuxième femme et plus jeune économiste à recevoir le prix Nobel d'économie, en 2019, avec ses confrères Abhijit Banerjee et Michael Kremer.

Sa mission ?

Repenser la lutte contre la pauvreté, au travers d'expériences de terrain.

Ce qu'elle dit ?

« (Les) économistes doivent se comporter moins comme des physiciens et plus comme des gens compétents : des dentistes comme le proposait Keynes, ou même plutôt des plombiers... » (2017).

Pionnière, pourquoi ?

- Vice-présidente de la Commission européenne en charge du Budget et des Ressources humaines (2014-2016).
- Directrice générale de la Banque mondiale (2017-2019).
- Deuxième femme au poste de directrice générale du Fonds monétaire international (2019-...).

Sa mission ?

Assurer la stabilité financière mondiale.

Ce qu'elle dit ?

« Si les pays d'Afrique subsaharienne faisaient en sorte que la violence envers les femmes diminue pour atteindre la moyenne mondiale, ils verraient leur PIB progresser d'environ 30 % à long terme. Du bien-être pour tous. » (mars 2022).

Pionnière, pourquoi ?

- La seule femme dans sa classe de doctorat en économie, à l'université Yale (1971).
- Première femme présidente de la Fed, la Federal Reserve, la Banque centrale américaine (2014-2018).
- Première femme secrétaire au Trésor des États-Unis (2021-...).

Sa mission ?

Faire prospérer la première puissance économique mondiale.

Ce qu'elle dit ?

« Ce que j'ai aimé dans l'économie, c'est que ça donne un cadre de pensée rigoureux et analytique pour comprendre des sujets qui ont un impact énorme sur la vie des gens. » (2014).

Pionnière, pourquoi ?

- Première femme ministre des Finances du Nigeria (2003-2006 puis 2011-2015).
- Directrice générale de la Banque mondiale (2007-2011).
- Première femme et première personnalité africaine à prendre les rênes de l'Organisation mondiale du commerce (2021-...).

Sa mission ?

Redynamiser le commerce mondial.

Ce qu'elle dit ?

« Je sais ce que ça veut dire d'aller chercher de l'eau au ruisseau, ce que peut signifier d'être pauvre et de ne pas avoir assez à manger. Dire qu'on sait ce que c'est la pauvreté, ça ne suffit pas. Il faut le vivre. » (2012).

Pionnière, pourquoi ?

- Commissaire européenne à la Concurrence (2014-2019). La première femme à Bruxelles à s'être vraiment attaquée aux géants du numérique et à leurs avantages fiscaux.
- Vice-présidente de la Commission européenne (2019-...). Après les amendes records, ses armes s'appellent *Digital Markets Act* et *Digital Services Act*, de nouvelles règles du jeu anti-abus.

Sa mission ?

Veiller aux intérêts des consommateurs européens, face aux GAFAM mais pas seulement.

Ce qu'elle dit ?

« Toute ma vie, j'ai été réticente aux quotas, mais j'ai réalisé que nous avions des quotas masculins officieux depuis des siècles. Et ça a très bien marché, donc pourquoi ne pas retourner le concept ? » (2016).

Sources : Blog FMI / Le Monde / Site du FMI / The New Yorker / The Washington Post / Euractiv

« Personne ne sait vraiment comment engendrer de la croissance »

ESTHER DUFLO
Économiste

En 2019, Esther Duflo a été couronnée du prix Nobel d'économie. Une récompense reçue à Stockholm, vêtue d'un superbe sari. L'Inde est en effet l'un des principaux terrains d'étude de cette spécialiste du développement et de la lutte contre la pauvreté, dans un monde où près de la moitié de la population mondiale vivait en 2020 avec moins de 5 dollars par jour. Pour mieux combattre le paludisme, faut-il donner ou faire payer des moustiquaires aux plus modestes ? Voilà le type de questions que se pose cette Franco-Américaine, qui enseigne au Massachusetts Institute of Technology. Santé, éducation, agriculture... Elle évalue les politiques publiques au travers de groupes tests, comme des scientifiques le feraient pour des médicaments.

Climat, richesses du sous-sol, taille du marché, accès à l'énergie, à l'eau... Qu'est-ce qui explique qu'un pays devienne prospère, voire puissant ?

Il n'y a aucune recette miracle. Certains pays n'ont aucune ressource et s'en sortent très bien, comme la ville-État de Singapour, quand d'autres ont des ressources énormes et souffrent énormément. Le Botswana a de riches ressources minérales, comme le Congo. Le premier prospère ; pas le second.

Quel rôle jouent le régime politique et les institutions sur la prospérité d'un pays ? « La famine apparaît seulement où il n'y a pas de démocratie », dit par exemple un autre prix Nobel, Amartya Sen...

Il a raison là-dessus. Les institutions posent un cadre, en effet, mais j'ajouterai qu'elles ne font pas tout. En Indonésie, par exemple, sous la dictature de Suharto, il y a eu d'énormes progrès en termes de capital humain. En revanche, en Inde, la plus grande démocratie du monde depuis l'indépendance, les progrès n'ont pas toujours suivi pour la population.

En matière de lutte contre la pauvreté, quel regard portez-vous sur les 30 dernières années ?

Entre 1990 et 2019, tout a été divisé par deux : la pauvreté, la mortalité infantile, la mortalité maternelle... Presque tous les enfants ont été scolarisés en primaire. Le sida a reculé à partir du début des années 2000. Les pays en développement ont vécu d'énormes progrès !

Pourquoi ? Grâce à la mondialisation ?

Pas seulement. La mondialisation est certes responsable de la croissance de la Chine mais pas des progrès contre la pauvreté en Afrique. Beaucoup de ces pays en développement ont simplement réussi à se concentrer sur des critères humains, une fois qu'on a arrêté de les tarabuster en leur répétant que ce qu'il leur fallait, c'était de la croissance. À partir de l'an 2000, l'ONU a défini les Objectifs du Millénaire pour le développement : la grande pauvreté, la santé, l'éducation... Voilà des problèmes pour lesquels on a des solutions, alors que personne ne sait vraiment comment engendrer de la croissance. Elle obsède trop les dirigeants du monde entier ! Et certains la recherchent à tout prix. Prenez les États-Unis de Reagan : ils ont tout libéralisé, baissé le salaire minimum et asphyxié les syndicats, cela a conduit à une explosion des inégalités, pas à beaucoup plus de croissance ! Le Japon, lui, en sortant de ses flamboyantes années 1980, a essayé de relancer sa croissance dans une grande fièvre keynésienne. Résultat ? Les Japonais sont entrés dans une crise de dette et une stagnation dont ils n'arrivent pas à sortir aujourd'hui.

Trente ans de progrès, dites-vous, jusqu'en 2019. En 2020, la pandémie survient et, pour les pays en développement, c'est une rupture ?

Oui, cela a été un tsunami économique. Ce qui est d'autant plus triste qu'à l'exception de l'Inde et du Brésil par exemple, la mortalité directe liée au Covid-19 a été plutôt faible dans ces pays. Face à la mise à l'arrêt de leurs économies, les pays riches ont dépensé environ 24 % de PIB en mesures de stimulus fiscal mais les pays pauvres n'ont pas pu et ont dû se limiter à entre 2 et 6 % de leurs PIB. Or, lorsque les citoyens ne sont pas protégés, ils risquent davantage de tomber dans des pièges de pauvreté.

Peuvent-ils en sortir ensuite ?

Très difficilement. Être pauvre signifie vivre des situations très angoissantes. Comment finir le mois ? Comment payer les frais de scolarité de mes enfants ? Pourra-t-on faire la récolte ? Ce sont des questions permanentes qui vous laissent très peu d'espace pour penser à autre chose. Assurer un peu de sécurité matérielle aux gens leur permet d'entrouvrir cet espace mental, de voir plus loin, de saisir les opportunités.

Comment assurer cette sécurité matérielle ?

Ce qui crée de la sécurité, c'est par exemple la redistribution ou le salariat, quand c'est possible.

La redistribution en faveur des plus modestes ne fait pourtant pas consensus…

Oui, il existe dans les pays riches comme dans les pays pauvres un même poncif, cette idée que si on aide les gens en leur donnant directement de l'argent, ils deviendraient paresseux et que cela ne serait pas un service à leur rendre. Or, c'est empiriquement faux ! Dans les pays pauvres, c'est même l'opposé : plus on aide les plus pauvres, mieux ils travaillent. Et dans nos pays, les expériences réalisées montrent qu'on ne voit pas d'effet pernicieux.

Entre pays pauvres et pays riches, l'un des sujets les plus inflammables des dix dernières années, ce sont les flux de population des premiers vers les seconds. Dans vos travaux, vous battez en brèche nos idées reçues sur l'immigration…

Beaucoup de perceptions sont fausses parce qu'on est assez facilement guidés par nos intuitions. Sur la migration, notre jugement découle souvent d'un syllogisme. D'abord, nous pensons que les gens ont principalement pour but d'améliorer leurs conditions de vie. Ensuite, nous savons que nos vies sont bien meilleures que celles des habitants des pays pauvres. Donc nous concluons que tout le monde a envie de venir ici et que la seule raison pour laquelle ils ne viennent pas, c'est parce qu'on ne leur permet pas. Or, lorsque la Grèce connaissait 40 % de chômage, les Grecs ne se sont pas tous précipités chez nous ! En réalité, les flux d'immigration sont extrêmement faibles. En 2015, les gens ne sont d'ailleurs pas partis pour des raisons économiques, mais parce qu'ils étaient poussés dehors. Si on leur laisse le choix, les gens bougent peu. Même si on enlevait toutes les frontières, le monde ne se précipiterait pas chez nous. J'en suis convaincue. D'ailleurs, ce n'est pas de la fiction : on a déjà fait cette expérience, avec le marché européen. Et quand bien même davantage de migrants viendraient chez nous ? Ce ne serait pas une catastrophe économique, au contraire.

Face à l'extrême pauvreté, certains estiment que c'est le capitalisme qu'il faudrait changer… Qu'en pensez-vous ?

Be my guest ! Ceux qui réfléchissent à des problèmes structurels ne perdent pas leur temps mais d'ici là, que fait-on pour aider ? Moi, je préfère avoir les mains dans le cambouis. Avec cette idée que plus les gens seront éduqués, épanouis, en bonne santé, plus ils seront prêts à monter dans le train quand la croissance viendra dans leurs pays ou quand le système sera effectivement prêt à changer. Ce n'est pas une certitude mais c'est mon espoir.

Entretien réalisé le 5 septembre 2022

Ça ira mieux demain ?

Et si nous vous disions que oui, cela pourrait vraiment aller mieux ? Ces dernières années, certains psychothérapeutes ont vanté les mérites de la pleine conscience, suggérant que, pour pleinement goûter un fruit, il fallait prendre le temps de se le figurer, de le respirer, de le toucher, avant de l'ingérer.

Peut-être ne serez-vous pas très enclins à caresser des pommes ou des raisins afin de les savourer au mieux... Mais si l'on veut être optimistes, nous pourrions nous dire que nous avons aussi, en économie, atteint l'ère de la pleine conscience.

Car les défis à venir sont connus de nous tous. Dompter les géants du numérique, maîtriser l'inflation, affronter tête la première la transition écologique... Nous avons établi des diagnostics. Personne n'ignore plus qu'il faut en finir avec le far-west des mondes virtuels, où des géants américains ou chinois détiennent le contrôle de nos données et donc, quelque part, de nos vies. Qu'il faut juguler, avant qu'il ne soit trop tard, la hausse des prix, ce ferment de colère sociale qui ressurgit depuis 2021. Qu'il faut réduire son empreinte carbone, repenser son mode de vie, sa façon de travailler, de produire, de voyager ou de se chauffer, au risque de voir l'humanité disparaître.

Face à cette accumulation d'urgences, c'est la rapidité des réactions qui va compter, et la capacité d'agir avec les autres pour s'accorder sur les régulations et les sacrifices qu'il faudra concéder, déterminer leur ampleur et le degré de radicalité qu'ils recèlent. Les économistes y peuvent-ils quelque chose ? Non. C'est là où ils cèdent le pas aux responsables politiques.

AÏE

TECH :
ÉCRAN TOTAL !

470 milliards $

C'est le chiffre d'affaires d'Amazon en 2021. Dans l'ordre des performances stratosphériques, suivent Apple qui a atteint les 365 milliards ; Alphabet, la maison-mère de Google, qui en a dégagé 256 ; Facebook, 117 ; et Microsoft, 51,7.

UTILISATEURS

3,6 milliards

C'est le chiffre massif revendiqué par Google, le géant du numérique le plus déployé à l'échelle mondiale. Les autres ne sont pas en reste : de 300 millions de clients chez Amazon jusqu'à 2,8 milliards d'adeptes pour Facebook. Microsoft assure que 1,4 milliard de terriens utilisent son système d'exploitation Windows et, Apple que 1,6 milliard de personnes pianotent sur ses appareils à la pomme.

6 000 milliards $

C'est en moyenne la capitalisation boursière que pèsent les GAFAM, une fois agglomérés. En comparaison, le CAC 40, qui rassemble les 40 entreprises françaises les mieux cotées du moment, fait pâle figure : il pèse environ trois fois moins...

MICROSOFT

180 000

FACEBOOK

70 000

AMAZON

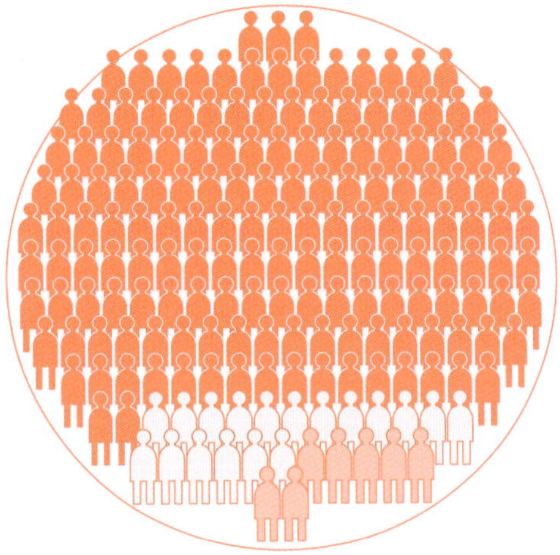

1,6 millions

d'employés. C'est le nombre de personnes qui travaillent pour Amazon à travers le monde. C'est l'équivalent des habitants de la Seine-Saint-Denis ! Google, Facebook, Apple et Microsoft, eux, n'ont pas besoin de livreurs. Ils recrutent essentiellement ingénieurs et commerciaux, en moins grand nombre : de 70 000 (Facebook) à 180 000 salariés (Microsoft).

13 milliards €

C'est l'amende record infligée à Apple par la Commission européenne en 2016 pour avoir usé d'avantages fiscaux indus. Depuis cette date, l'entreprise a fait appel et la justice a annulé cette condamnation en 2020, mais la Commission a elle-même fait appel de cette décision... La fin du film reste à écrire. D'autres entreprises ont été également dans le viseur de l'Union européenne pour avoir essayé de réduire leurs impôts ou d'abuser de leur position dominante : Facebook s'est, par exemple, acquitté d'une amende de 110 millions d'euros en 2017, quand Google se voit réclamer 8,2 milliards.

Sources : Google / Apple / Facebook / Amazon / Microsoft

G de Google
Le boss : ***Sundar Pichai***
Le pedigree : né à Madras en Inde en 1972, il étudie à Stanford et l'université de Pennsylvanie.
Il entre chez Google en 2004 avant d'en gravir patiemment les échelons, jusqu'au sommet, en 2015.
La fortune personnelle :
1,3 milliard de dollars

A d'Apple
Le boss : ***Tim Cook***
Le pedigree : né dans l'Alabama en 1960, il a commencé sa carrière chez IBM avant d'entrer chez Apple en 1988. En 2011, son heure vient lorsqu'il succède au charismatique et tonitruant Steve Jobs.
La fortune personnelle :
1,5 milliard de dollars

F de Facebook
Le boss : ***Mark Zuckerberg***
Le pedigree : né en 1984, l'étudiant de Harvard imagine, à l'âge de 20 ans, une première version de Facebook pour son campus. Avant d'en faire un réseau social mondial et d'inspirer un film réalisé à Hollywood par David Fincher.
La fortune personnelle :
77 milliards de dollars

A d'Amazon
Le boss : ***Jeff Bezos***
Le pedigree : après quelques expériences dans la finance à Wall Street, la légende américaine veut qu'il lance Amazon, à 31 ans, depuis son garage. En 2021, il démissionne de son poste de PDG pour prendre du recul mais pas loin tout de même : il dirige aujourd'hui le conseil d'administration.
La fortune personnelle :
175 milliards de dollars, ce qui le place dans le top 3 des hommes les plus riches du monde.

M de Microsoft
Le boss : ***Bill Gates***
Le pedigree : né dans une famille fortunée à Seattle en 1955, as des maths, il lance Microsoft à l'âge de 20 ans et devient richissime cinq ans plus tard, le jour où IBM décide d'équiper ses machines avec son système d'exploitation MS-DOS. Aujourd'hui, il se consacre à sa fondation, lancée avec son ex-femme, Melinda French Gates, en l'an 2000. Un puissant outil d'influence dans le domaine de la santé.
La fortune personnelle :
124 milliards de dollars

Sources : Chiffre d'affaires annoncé par les entreprises / Indice des milliardaires Bloomberg

FAUT-IL DÉMANTELER LES GAFAM ET LES BATX ?

CHRISTIAN CHAVAGNEUX

MARC VIGNAUD

LE PROBLÈME

Ils sabotent l'économie

SABOTER LES ÉTATS

Les GAFAM sont les champions du sabotage. Des États pour commencer : ils sont les rois de l'optimisation fiscale agressive. Par exemple, selon la Commission européenne, Amazon réduit des trois quarts ses bénéfices imposables en Europe avec la complicité du Luxembourg. Et ce n'est pas tout. On se rappelle comment Facebook a voulu créer sa propre monnaie. Apple et Alibaba, le vendeur en ligne chinois, ont développé des applications de paiement et Alibaba une entreprise de services financiers. En ligne de mire : prendre le contrôle de ce bien public qu'est la monnaie.

SABOTER LES CONCURRENTS

Facebook a racheté Instagram et WhatsApp parce qu'ils lui faisaient de la concurrence. Une fois que vous entrez dans l'environnement Apple, il faudra utiliser uniquement les applications que la firme autorise. Amazon est une place

Une domination qui s'auto-entretient

L'EFFET RÉSEAU

La domination des grandes plateformes numériques, très souvent américaines ou chinoises, s'explique aisément. Elles profitent de ce que les économistes appellent l'« effet de réseau » : les consommateurs ont tendance à s'inscrire sur des interfaces qui ont déjà attiré le plus grand nombre d'utilisateurs. C'est particulièrement frappant dans le cas de Facebook. Cet effet de réseau permet aux entreprises les plus performantes, qui bénéficient souvent d'un vaste marché pour se lancer, d'accumuler encore plus de données personnelles, d'améliorer leur algorithme, et, par conséquent, le service proposé aux utilisateurs. Il s'agit de l'économie du *winner takes all*, le gagnant rafle tout. Les exemples sont légion. Il est ainsi devenu pratiquement impossible pour un hôtel de se passer du référencement sur la plateforme Booking, car c'est sur ce site que se rendent la plupart des consommateurs souhaitant réserver une chambre.

CHRISTIAN CHAVAGNEUX

de marché où les entreprises peuvent vendre leurs produits mais elles doivent s'acquitter d'une commission de l'ordre de 30 % et dès que leur produit marche bien, elles voient arriver un produit concurrent fabriqué par Amazon ! On est loin du monde de la concurrence pure et parfaite, plutôt dans celui de la préservation de monopoles et d'une position dominante.

SABOTER LES SALARIÉS

Dans ce domaine, c'est Amazon qui fait souvent la une. L'année 2022 a été marquée par un événement inédit : un premier syndicat a pu y être créé aux États-Unis ! Une révolution pour une entreprise qui met tout en œuvre pour l'éviter. Dans les entrepôts, le travail est exténuant physiquement et surveillé en permanence dans le cadre d'une organisation du travail très hiérarchique.

SABOTER LA NATURE

Le coût environnemental de la logistique d'Amazon est énorme. La firme dispose de sa flotte navale et aérienne, sans parler des camionnettes qui sillonnent les villes avec leur colis. Les GAFAM et BATX sont de gros contributeurs des émissions de CO_2 du secteur numérique. Certes, ces champions du Web affichent tous des politiques environnementales ambitieuses (recours aux énergies renouvelables, objectif de neutralité carbone...).
Mais le modèle Facebook/Google de publicité à outrance et d'encouragement à une consommation sans limites va fondamentalement à l'encontre de la lutte contre le réchauffement climatique.

MARC VIGNAUD

LA *KILLER ACQUISITION*

Une fois dominantes, les plateformes procèdent par rachat de start-up innovantes, pour les développer en interne, ou pour les étouffer purement et simplement. On parle de *killer acquisitions* (ce qu'on pourrait traduire par « acquisitions prédatrices »). Facebook a ainsi racheté Instagram en 2012 pour 1 milliard de dollars, puis WhatsApp, en 2014, pour 19 milliards.

DES MARGES COLOSSALES

Les marges dégagées par ces entreprises sont énormes. En effet, celles-ci sont capables d'investir des sommes considérables et d'étendre leur emprise dans d'autres domaines. Pour elles, conquérir un utilisateur supplémentaire représente un « coût marginal », très faible, puisque l'algorithme a déjà été développé.

LES IDÉES REÇUES

« Il y a des clients et on peut les réguler »

« LE CLIENT FAIT LA LOI »

Le capitalisme est ainsi fait que de nouvelles entreprises viennent concurrencer les anciennes et arrivent quelquefois à prendre leur place.

« Les GAFAM ne servent à rien »

« CES ENTREPRISES N'ONT AUCUN MÉRITE »

Si Google, Amazon, Facebook et Microsoft, ou leurs concurrents chinois (Baidu, Alibaba, Tencent et Xiaomi), sont devenus dominants, c'est qu'ils l'ont souvent mérité.

CHRISTIAN CHAVAGNEUX

C'est ce que réussissent les GAFAM et les BATX. La preuve : les clients approuvent, ils y achètent leur livres, leurs vêtements, leur mobilier, leurs services de cloud, utilisent en masse leurs moteurs de recherche, leurs réseaux sociaux, etc. Où est le problème ? Même si le client est satisfait du service, il ne mesure pas les impacts négatifs que lui infligent ces géants. Ce sont les *fake news* qui menacent la vie démocratique, l'exploitation abusive des données personnelles et l'emprise sur les choix des consommateurs et la vie privée.

« RÉGULER SUFFIT »

L'Europe s'est dotée en 2018 du Règlement général sur la protection des données (RGPD) pour encadrer davantage la collecte et l'exploitation des données personnelles. Puis, en 2022, du *Digital Markets Act* (DMA) pour obliger les plateformes à s'ouvrir à la concurrence (pouvoir installer par exemple l'appli que l'on veut sur son iPhone) et du *Digital Services Act* (DSA) pour limiter la diffusion de contenus illicites (incitations à la haine ou à la violence, harcèlement) et la vente de produits illicites en ligne. Le bilan du RGPD est très moyen, on verra pour DMA et DSA… lorsqu'ils seront mis en œuvre.

« FACE À EUX, ON SAIT RÉAGIR À TEMPS »

On est toujours en retard d'une nouvelle régulation. On réglemente la vente en ligne ? Amazon tire déjà ses plus gros bénéfices de la vente de cloud, le stockage hors site. On régule la publicité en ligne ? Google a déjà investi dans la santé, l'automobile électrique, etc. Avec une capitalisation boursière de l'ordre de 10 000 milliards de dollars, les GAFAM ont le temps et les moyens de se développer et de capter la valeur ajoutée d'autres secteurs.

MARC VIGNAUD

Leurs services paraissent indispensables aux consommateurs, parce qu'ils sont efficaces. Qwant, un moteur de recherche alternatif à Google, n'arrive pas à percer, en partie parce qu'il donne des résultats moins pertinents. En revanche, empêcher l'arrivée de nouveaux concurrents par des moyens déloyaux, comme le font les géants du numérique, est condamnable. Par exemple, Google a été poursuivi pour faire du *self preferencing* : lorsqu'un utilisateur effectuait une recherche sur un produit, le moteur de recherche américain renvoyait vers son propre comparateur, Google Shopping…

« DÉMANTELER EST LA SOLUTION MIRACLE »

Le démantèlement est évidemment tentant, et doit être envisagé, mais « ses effets sur la concurrence sont incertains et sa mise en œuvre complexe et coûteuse », préviennent les économistes Marc Bourreau et Anne Perrot, dans un rapport rédigé pour le Conseil d'analyse économique (CAE) en 2020. L'exemple classique, c'est le démantèlement de l'opérateur historique de télécommunications aux États-Unis, AT&T, en 1982. Cette séparation, qui a donné naissance aux *Baby Bells*, a stimulé la concurrence dans le secteur, mais au prix d'un ralentissement de l'innovation. Au point que le législateur est revenu en arrière en 1996. Quant au démantèlement de Microsoft envisagé dans les années 2000, les autorités de la concurrence y ont finalement renoncé « principalement parce que les pertes d'efficacité semblaient plus importantes que les gains à attendre du point de vue concurrentiel, dans un environnement où plusieurs technologies concurrentes à celle de Microsoft semblaient pouvoir émerger ».

LA SOLUTION

CHRISTIAN CHAVAGNEUX

Démanteler, taxer, réguler

BRISER LES MONOPOLES

Il faut briser le pouvoir des géants de la tech et aller jusqu'au démantèlement si nécessaire. Bonne nouvelle, aux États-Unis, les enquêtes antitrust se multiplient, avec celle du ministère de la Justice, de la FTC – le gendarme de la concurrence –, de la quasi-totalité des États fédérés. En Europe, la Commission européenne fait de même. Dernier exemple en date : l'attaque contre ApplePay en mai 2022 pour forcer Apple à accepter d'autres applis de paiement. Et depuis la fin 2020, les autorités chinoises ont lancé une vaste attaque antitrust contre les BATX, d'encadrement de leurs activités financières et de leur utilisation agressive des données personnelles.

TAXER

Parti avec l'idée d'arriver à taxer les GAFAM, le G20 a fini par accoucher en 2021 d'un accord réorganisant la taxation mondiale des firmes en général. Avec la réallocation d'une partie des profits alloués artificiellement dans les paradis fiscaux aux pays où a lieu l'activité. Avec un taux minimum d'imposition de 15 % des profits logés à l'étranger. Tout cela en 2024 si tout se passe bien. Enfin !

LA BATAILLE ENTRE FIRMES

Un point à ne pas oublier : des entreprises en ont marre que les GAFAM leur prennent leur argent ! Epic Games (producteur du jeu *Fortnite*) et Microsoft ont attaqué Apple, Visa a attaqué Amazon au Royaume-Uni, etc. Les batailles entre multinationales contribuent également à casser le pouvoir des géants du numérique.

MARC VIGNAUD

Une concurrence non faussée

LES TAXER DAVANTAGE

Il faut taxer davantage les géants du numérique, comme toutes les autres multinationales. Christian a raison de le souligner : l'accord conclu au niveau de l'Organisation de coopération et de développement économiques (OCDE) pour un impôt minimum mondial est indispensable et il faudra sans doute aller plus loin.

CRÉER NOS PROPRES CHAMPIONS !

« Au lieu de perdre du temps à jouer aux Lego industriels, les politiques feraient mieux de bâtir un marché européen des services unifiés pour qu'une entreprise innovante puisse se déployer tout de suite à l'échelle de l'Union, explique l'économiste français Thomas Philippon. Imaginez qu'un moteur de recherche européen aussi efficace que Google à ses débuts soit né dans un pays de l'Union européenne. Il n'aurait pas pu accéder à l'ensemble des États européens d'un coup. » Cela serait un bon complément au Règlement général sur la protection des données (RGPD) qui encadre la collecte et l'exploitation des données personnelles.

« Croire qu'une start-up ne peut pas se soucier de l'intérêt général est une bêtise »

STANISLAS NIOX-CHATEAU
Directeur général de Doctolib

Descendant des frères Montgolfier et des papetiers Canson, Stanislas Niox-Chateau se destinait à devenir tennisman, un rêve auquel il a renoncé à l'adolescence à la suite d'une blessure au dos. Moins de dix ans plus tard, diplômé de HEC, celui qui dit que son bégaiement l'a aidé à se construire a cofondé en 2013 Doctolib. Il est le directeur général de ce site de prises de rendez-vous médicaux, devenu familier à 70 millions d'utilisateurs, en France, en Allemagne et en Italie. Depuis 2019, la plateforme a muté de jeune pousse à licorne, en dépassant le milliard d'euros de valorisation.

À l'origine, comment vous est venue l'idée de Doctolib ?

Mon désir premier était de travailler dans des secteurs qui ont du sens : l'éducation, la santé. Après des échanges avec des patients et des stages chez des soignants, j'ai très vite compris qu'il y avait un énorme problème dans ce secteur. D'une part, la demande explosait à cause du vieillissement de la population et de la hausse des maladies chroniques. D'autre part, les technologies avaient vingt ou trente ans de retard. Cette tension est l'équation majeure depuis longtemps. L'État investit de plus en plus dans la santé, les soignants travaillent toujours davantage, mais jamais ils ne parviennent à rattraper la demande de soins. Je me suis dit que je pouvais aider.

À ceux qui disent que la France est un enfer fiscal ou bureaucratique, vous rétorquez donc que créer son entreprise en France, c'est possible ?

La France est l'un des plus beaux pays du monde pour créer son entreprise. Il y a des talents avec des écoles d'ingénieurs pour les faire émerger ; des aides pour les soutenir ; et une puissance publique qui investit. Les statistiques le montrent : la création d'entreprises en France se développe bien. Ce qui est le plus dur, ce n'est pas de fonder sa boîte, c'est l'après, être capable de grandir.

Oui, grandir en France sans se faire racheter…

C'est un défi mais on a prouvé avec Doctolib que c'était réalisable. Aujourd'hui, on compte presque 3 000 salariés, avec l'objectif d'en recruter 3 000 supplémentaires dans les années à venir. On a une dizaine de bureaux à travers la France, l'Allemagne et l'Italie, on choisit nos investisseurs et 100 % de nos salariés sont directement associés au développement des entreprises depuis 2022.

Avec la pandémie de Covid-19, Doctolib s'est imposé comme un intermédiaire indispensable. À quel point cela a-t-il porté votre développement ?

Nous avons gagné en notoriété, c'est vrai, mais la pandémie a plutôt ralenti nos projets de développement, comme le lancement en Italie. En revanche, la campagne de vaccination à laquelle nous avons participé a montré qu'une entreprise privée pouvait contribuer à l'intérêt général. Quand le numérique se met au service des utilisateurs, il devient une force sur laquelle on peut capitaliser.

Si cela a servi l'intérêt général justement, n'est-ce pas parce que votre service a au fond privatisé ce qui aurait dû être pris en charge par un service public ?

Je ne le pense pas. Croire qu'une entreprise ne peut pas se soucier de l'intérêt général, qu'elle soit une start-up ou un producteur de lait, est une bêtise. Autrement, tout devrait être nationalisé ! Et puis, est-ce à l'État de développer des logiciels pour les kinésithérapeutes, les dentistes ou les hôpitaux ? Je pense que non. L'État est là pour assurer la sécurité et la portabilité, établir des lois et des normes.

En 2021, on estimait que 16,5 % des Français peinaient à se servir d'un outil numérique. Doctolib ne laisse-t-il pas de côté ce public-là, souvent âgé et précaire ?

La fracture numérique est un enjeu capital bien sûr. Mais on a 35 millions d'utilisateurs : un sur six a plus de 65 ans et 90 % d'entre eux habitent en dehors des plus grandes villes du pays. Néanmoins, on a lancé des partenariats avec l'Assurance maladie pendant la campagne de vaccination et désormais avec des villes et villages pour encourager la formation au numérique. Ce qui est capital dans la tech, c'est de créer des services utiles et utilisés par le plus grand nombre. J'entends souvent parler de licornes, de French tech, de levées de fonds, mais en bout de course, ce qui compte, c'est d'avoir une valeur ajoutée et d'être simple d'accès.

Qui sont vos concurrents aujourd'hui ?

Ils sont de deux types. D'une part, de grandes entreprises qui développent des logiciels destinés aux soignants, libéraux ou hospitaliers : CompuGroup Medical, Cegedim et de nombreux autres… D'autre part, les GAFAM. Amazon investit dans la pharmacie en ligne, la téléconsultation, les équipes de soin ; Google dans la médecine préventive et prédictive ; Apple dans le dossier patient informatisé ou la recherche. Ils n'ont pas lancé à ce jour de logiciels destinés aux patients ou aux hôpitaux comme nous, mais nous verrons à l'avenir. Aujourd'hui, la santé pèse 10 % du PIB mondial. Cette part est de 11 % en Europe, de 18 % aux États-Unis. La santé, c'est l'un des premiers besoins des gens et l'un des premiers budgets des États. Il est logique que ces entreprises s'y intéressent.

Leur puissance de frappe ne vous effraie-t-elle pas ?

Non. On parle d'entreprises qui font des centaines de milliards de dollars de profit. Doctolib n'est pas rentable, je ne le cache pas : notre chiffre d'affaires représente aujourd'hui 0,04 % du chiffre d'affaires d'Amazon. Nous sommes des nains. Mais cela n'empêche pas d'avoir une vision de long terme et cela n'oblige en rien à baisser les bras.

Mais l'Europe fait-elle le poids ?

Il n'y a pas assez de coopération européenne et je le regrette. Aujourd'hui, l'Europe de la santé, ça n'existe pas. Quand on lance Doctolib en Italie, par exemple, ou en Allemagne, on doit tout reconstruire de zéro là-bas. Si l'on veut bâtir notre souveraineté, on doit travailler là-dessus. La propagation de l'épidémie de Covid-19 et l'approvisionnement en vaccins l'ont bien montré.

L'un des enjeux majeurs est la protection des données médicales. Or, souvent, nos infrastructures, nos clouds appartiennent à ces géants américains. Les données de Doctolib ne sont-elles pas chez Amazon ?

Pour être précis, nous avons fait le choix de les héberger chez AWS [le service cloud d'Amazon] à Paris et à Francfort comme 80 % des entreprises du CAC 40. Pourquoi ? Parce qu'à date, c'est le meilleur service du monde pour protéger les données. Nous avons en complément un dispositif de protection avancé, dans lequel la clé maître de chiffrement n'est pas chez AWS mais chez Atos, un acteur français. Évitons les raccourcis qui créent de la confusion chez les patients. En réalité, il y a deux enjeux. Le premier, c'est la sécurité de nos données : sont-elles protégées ? La réponse est oui : même si la sécurité à 100 % n'existe pas, par exemple, en cas de cyber-attaques, nous sommes partout audités, certifiés, avec un système parmi les plus avancés d'Europe. Le second enjeu, c'est la confidentialité des données. Qu'en fait l'entreprise ? Qui possède les données et les contrôles ? Sont-elles vendues ? Et chez nous, les choses sont claires : on n'a jamais gagné 1 euro en vendant des données, et les patients comme les soignants en ont le contrôle.

Entretien réalisé le 11 juillet 2022

New Space : ces investisseurs à l'assaut du ciel

PAR ANAËLLE VERZAUX

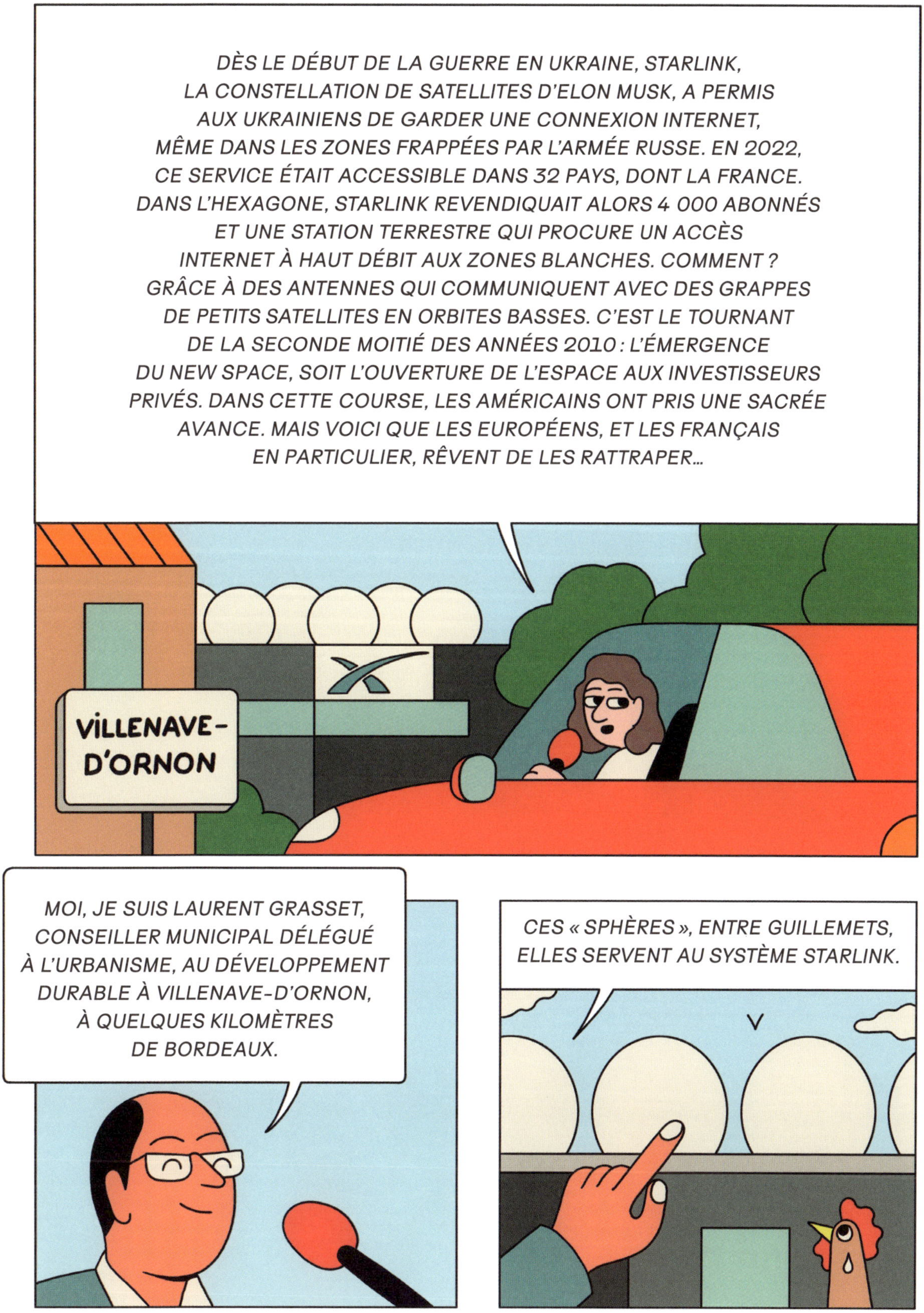
DÈS LE DÉBUT DE LA GUERRE EN UKRAINE, STARLINK, LA CONSTELLATION DE SATELLITES D'ELON MUSK, A PERMIS AUX UKRAINIENS DE GARDER UNE CONNEXION INTERNET, MÊME DANS LES ZONES FRAPPÉES PAR L'ARMÉE RUSSE. EN 2022, CE SERVICE ÉTAIT ACCESSIBLE DANS 32 PAYS, DONT LA FRANCE. DANS L'HEXAGONE, STARLINK REVENDIQUAIT ALORS 4 000 ABONNÉS ET UNE STATION TERRESTRE QUI PROCURE UN ACCÈS INTERNET À HAUT DÉBIT AUX ZONES BLANCHES. COMMENT ? GRÂCE À DES ANTENNES QUI COMMUNIQUENT AVEC DES GRAPPES DE PETITS SATELLITES EN ORBITES BASSES. C'EST LE TOURNANT DE LA SECONDE MOITIÉ DES ANNÉES 2010 : L'ÉMERGENCE DU NEW SPACE, SOIT L'OUVERTURE DE L'ESPACE AUX INVESTISSEURS PRIVÉS. DANS CETTE COURSE, LES AMÉRICAINS ONT PRIS UNE SACRÉE AVANCE. MAIS VOICI QUE LES EUROPÉENS, ET LES FRANÇAIS EN PARTICULIER, RÊVENT DE LES RATTRAPER…
VILLENAVE-D'ORNON
MOI, JE SUIS LAURENT GRASSET, CONSEILLER MUNICIPAL DÉLÉGUÉ À L'URBANISME, AU DÉVELOPPEMENT DURABLE À VILLENAVE-D'ORNON, À QUELQUES KILOMÈTRES DE BORDEAUX.
CES « SPHÈRES », ENTRE GUILLEMETS, ELLES SERVENT AU SYSTÈME STARLINK.

C'EST TOUTE LA CONSTELLATION DE SATELLITES MIS EN PLACE PAR ELON MUSK, LE PATRON DE SPACEX ET TESLA, ENTRE AUTRES.
CE N'EST PAS ELON MUSK QUI NOUS A APPELÉS. LES ÉQUIPES DE STARLINK SE SONT SÛREMENT MISES EN RELATION AVEC LA SOCIÉTÉ QUI EXPLOITE CE BÂTIMENT-LÀ.
STARLINK
BREF, C'EST ARRIVÉ COMME UNE DÉCLARATION PRÉALABLE DE TRAVAUX, UNE DEMANDE D'URBANISME.
AU DÉPART, IL A FALLU UN PEU RASSURER LES HABITANTS. CERTAINS PENSAIENT QUE LES FUSÉES ALLAIENT ATTERRIR ICI !

ON N'A DÉLIVRÉ L'AUTORISATION QU'À PARTIR DU MOMENT OÙ L'ON A EU L'ASSURANCE DE L'UTILISATION DES FRÉQUENCES, QUAND ON A SU COMMENT ÇA FONCTIONNAIT.

CES ANTENNES, VILLENAVE-D'ORNON LES A ACCUEILLIES. MAIS DANS DEUX AUTRES COMMUNES FRANÇAISES, LA CONTESTATION LOCALE A MIS UN COUP D'ARRÊT AU PROJET D'ELON MUSK. EN FRANCE, CEPENDANT, BEAUCOUP DE START-UP ET D'ACTEURS VEULENT INVESTIR LE NEW SPACE !

ME VOICI À REIMS, DANS L'USINE DE VENTURE ORBITAL SYSTEMS POUR OBSERVER DE PLUS PRÈS LA DIGITALISATION DE L'ESPACE.
JE M'APPELLE STANISLAS MAXIMIN, J'AI FONDÉ CETTE START-UP. ON DÉVELOPPE, CONSTRUIT ET OPÈRE CE QU'ON APPELLE DES MICROFUSÉES.
CES MICROLANCEURS MESURENT MOINS DE 20 MÈTRES DE HAUT ET PEUVENT ENVOYER JUSQU'À 100 KILOS EN ORBITE BASSE. ON ESPÈRE RÉALISER UN PREMIER VOL FIN 2024. ON VISE PLUS D'UNE CINQUANTAINE DE LANCEMENTS PAR AN.
100K

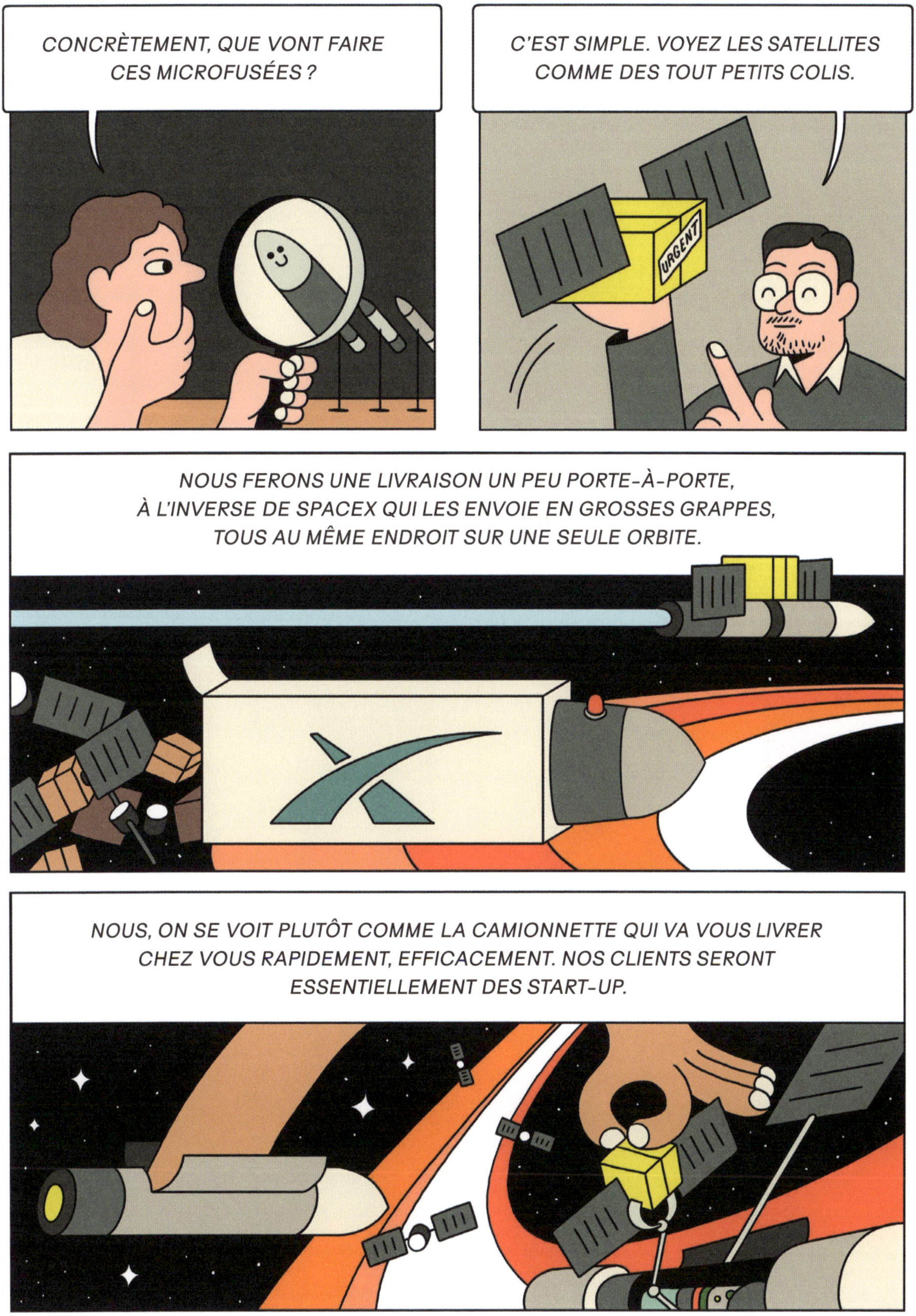
CONCRÈTEMENT, QUE VONT FAIRE CES MICROFUSÉES ?
C'EST SIMPLE. VOYEZ LES SATELLITES COMME DES TOUT PETITS COLIS.
URGENT
NOUS FERONS UNE LIVRAISON UN PEU PORTE-À-PORTE, À L'INVERSE DE SPACEX QUI LES ENVOIE EN GROSSES GRAPPES, TOUS AU MÊME ENDROIT SUR UNE SEULE ORBITE.
NOUS, ON SE VOIT PLUTÔT COMME LA CAMIONNETTE QUI VA VOUS LIVRER CHEZ VOUS RAPIDEMENT, EFFICACEMENT. NOS CLIENTS SERONT ESSENTIELLEMENT DES START-UP.

LE NEW SPACE INTÉRESSE PLEIN DE NOUVEAUX ENTREPRENEURS. LES SATELLITES SONT DEVENUS DE PLUS EN PLUS PETITS.
ET ILS SONT DE MOINS EN MOINS CHERS. ÇA DEVIENT ABORDABLE.
BIP
BIP
AUJOURD'HUI, VOUS POUVEZ LANCER VOTRE SATELLITE POUR MOINS DE 2 MILLIONS D'EUROS !
2.000.000€
C'EST UNE AMBITION POUR VOUS DE CONCURRENCER SPACEX ?
POURQUOI PAS ? JE PENSE QU'IL NE FAUT PAS SE METTRE DE LIMITES.
FACTURE

Reportage diffusé le 14 mai 2022

Nos vies numériques

MON CHEF PEUT-IL LIRE MES MAILS ET SMS PRO ?

Absolument ! Une boîte mail professionnelle ou un smartphone fourni par la boîte est un outil qui appartient à l'entreprise.
L'employeur peut donc consulter les messages de tous les salariés, à l'exception de ceux des élus du personnel pour des raisons évidentes de respect du droit syndical. Mais il existe une solution pour éviter que mon patron ne lise mes échanges : les estampiller « personnel » ou « confidentiel » dans la barre d'objet d'un mail, voire au début d'un SMS. Sans parler de flicage, les employeurs ont accès aux messageries pour des raisons pratiques. Pandémie et absentéisme ont récemment montré qu'il pouvait être utile de ne pas laisser des mails en souffrance. Il ne faut donc jamais oublier que l'employeur a un droit de regard sur mes traces écrites et toujours y réfléchir à deux fois avant de tapoter sur mon clavier ou mon téléphone. Évidemment, chacun peut écrire des mails ou passer des coups de fil perso avec les outils professionnels mais attention aux abus.
En 2011, la cour d'appel de Bordeaux a confirmé le licenciement d'un salarié dont les appels privés avaient représenté jusqu'à 14 heures de travail en deux mois...

QU'EST-CE QUE JE RISQUE À POSTER DES COMMENTAIRES SUR LA BOÎTE ?

Tout dépend déjà du type de réseau social sur lequel je décide de m'épancher. Plus il est fermé, circonscrit à un petit nombre d'« amis », plus les juges auront tendance à être conciliants et à considérer que ces critiques relèvent de la sphère privée. En septembre 2018, la Cour de cassation a annulé le licenciement d'une salariée qui dénigrait sa cheffe sur un groupe Facebook : l'objet du scandale intitulé « Extermination des directrices chieuses » n'était consulté que par 14 personnes. A contrario, dès lors que je poste un commentaire négatif sur un réseau ouvert au grand public comme Twitter ou LinkedIn, je peux m'attendre à ce que l'entreprise me sanctionne faute d'avoir respecté mon obligation de loyauté. Bien entendu, tout salarié est libre de s'exprimer sur ses conditions de travail. De plus en plus de sites de notation d'entreprises leur offrent cette possibilité, le plus souvent de manière anonyme. Toutefois, les propos ne doivent pas être diffamatoires, injurieux ou excessifs. Cette frontière parfois compliquée reste à l'appréciation des juges.

AI-JE VRAIMENT LE DROIT DE DÉCONNECTER ?

Oui, j'ai un droit à la déconnexion, c'est même dans la loi depuis janvier 2017. Une première française. Au point qu'à l'étranger, on a envié, parfois moqué cette *French deconnection* venant du pays des 35 heures. Concrètement, cette loi oblige toutes les entreprises de 50 salariés et plus à ouvrir une négociation pour mieux gérer les outils numériques : différer l'envoi de mails, couper les serveurs après 18 heures… Faute d'accord, les directions doivent proposer une charte. Et faute de charte ? Il ne se passe rien, aucune sanction n'est prévue contre les employeurs qui ne prennent pas d'initiative. En clair, le droit à la déconnexion reste encore largement un droit théorique.

Pour autant, la jurisprudence n'a pas attendu cette loi pour protéger le temps de repos des salariés. Ne pas répondre à un message de mon N+1 en dehors des heures de bureau ne peut pas être sanctionné.

L'intérêt du droit à la déconnexion est surtout de réfléchir aux frontières entre le boulot et le perso. Avec le télétravail, c'est devenu plus que nécessaire.

INFLATION
BANQUE
CROISSANCE

PAYE TA MONNAIE !

Du jamais vu depuis 1985 : mi-2022, les statisticiens de l'Insee annonçaient que la hausse des prix pourrait atteindre 5,5 % en moyenne sur l'année. Et même passer par un pic proche de 7 %. Nos voisins de la zone euro vivent pire.

En juin 2022, les Espagnols encaissent une inflation annuelle à 10 %, notamment parce que le carburant pèse davantage dans leur budget. Et +22 % pour les Estoniens ! Néanmoins, les Français découvrent une réalité dont ils avaient perdu l'habitude : le steak haché a augmenté de 21 % entre juin 2021 et juin 2022, les pâtes de 17 %. La flambée des prix de l'énergie se diffuse à l'alimentation et aux services.

Voici en effet revenu un temps que les moins de 30 ans ne peuvent pas connaître : depuis 1992, en France, l'inflation moyenne n'avait jamais dépassé la barre de 2,5 %, sauf en 2008 avec une pointe à... 2,8 %. Il y a plusieurs explications : la politique de convergence et de stabilité consécutive au traité de Maastricht, la mondialisation qui a fait baisser certains salaires et donc les coûts de production, la croissance plutôt molle, les périodes de diminution de prix du pétrole. Rien à voir avec la bouillonnante période de l'après-guerre jusqu'au milieu des années 1980 : l'inflation était alors de 10 % par an en moyenne, avec des flambées liées aux chocs pétroliers, comme en décembre 1974, lorsque les prix ont bondi de 15 %.

La France de ce début des années 2020 est différente, avec un secteur industriel moins important et des salaires qui ne sont pas indexés sur l'inflation. Mais chacun garde en tête l'image inquiétante utilisée par Karl Otto Pöhl, l'ancien président de la Bundesbank, en 1980 : « L'inflation, c'est comme le dentifrice. Une fois qu'il est sorti du tube, il est bien difficile de l'y faire rentrer. »

Sources : Insee / Eurostat / IRI France

FAUT-IL CRAINDRE UN RETOUR DURABLE DE L'INFLATION ?

CHRISTIAN CHAVAGNEUX

MARC VIGNAUD

LE PROBLÈME

Une forte inflation

UNE REPRISE PLUS RAPIDE QU'ANTICIPÉE

L'année 2022 a vu des taux d'inflation à plus de 8 % dans la zone euro, à plus de 5 % en France. Il y a bien longtemps que le continent européen n'avait pas connu un tel rythme de hausse des prix. Plusieurs phénomènes se sont conjugués. La reprise a été plus rapide qu'attendue après la levée des restrictions sanitaires liées à la pandémie. Les ménages ont consommé davantage de biens (pour la maison, pour s'équiper en ordinateurs…), ce qui a provoqué l'emballement des prix des matières premières, des composants (puces électroniques…) et du transport international. Toute cette dynamique a fait monter le prix de l'énergie, en particulier celui du pétrole.

L'EFFET DE L'INVASION DE L'UKRAINE

Puis la guerre en Ukraine a éclaté en février 2022. Bien que la Russie ait livré tout le gaz promis jusqu'en juin 2022, les prix de l'énergie, pétrole et gaz, ont encore

Des prix qui n'en finissent pas de monter

2020-2022 : LE BOUILLONNEMENT DE L'INFLATION

Sortie de la pandémie, politiques monétaires et budgétaires expansionnistes, augmentation de la demande de biens durables de la part des Américains, problèmes logistiques liés à la politique zéro Covid de la Chine… Autant de facteurs qui ont ravivé une inflation que l'on croyait disparue. Et voilà que l'invasion de l'Ukraine par la Russie en a remis une couche. La flambée des prix va-t-elle devenir endémique ? Plusieurs facteurs laissent penser que l'inflation sera en tout cas plus élevée que celle que l'on a connue au cours de la dernière décennie. Ce n'est d'ailleurs pas forcément une mauvaise nouvelle puisque les banquiers centraux se battaient plutôt contre une inflation considérée comme trop faible qui risquait de se muer en déflation. Toute la question est de savoir à quel niveau l'inflation peut

CHRISTIAN CHAVAGNEUX

grimpé. De là, l'inflation, nourrie à la fois par la peur de manquer et par de la spéculation, s'est diffusée dans le reste de l'économie : l'alimentation, les services… Pas à cause d'une « boucle prix-salaires », car les seconds progressent moins que les premiers, mais par répercussion de la hausse des coûts de production. Certains secteurs (l'automobile, par exemple) ont aussi profité de la situation pour augmenter leurs tarifs davantage que leurs coûts.

MARC VIGNAUD

se stabiliser. Dans la version optimiste de la Banque centrale européenne, elle reviendrait autour de 2 %, son objectif, à partir de 2024.

DANS LE MONDE D'APRÈS, UNE NOUVELLE SOCIÉTÉ QUI COÛTE PLUS CHER

Le vieillissement des populations dans les pays riches ou en Chine devrait contribuer à faire augmenter les prix à cause des besoins immenses que cela va générer dans les services à la personne où les gains de productivité sont en général faibles. Le nouveau rapport au travail après la pandémie de Covid montre que les travailleurs occidentaux ne sont plus prêts à accepter les mêmes conditions salariales qu'auparavant. Ils se retrouvent en meilleure position pour négocier avec les employeurs.

LES IDÉES REÇUES

« Des certitudes contradictoires »

« ÇA VA REBAISSER ! »

Plusieurs raisons permettent de penser que l'inflation peut être temporaire. La surprise de la reprise post-Covid est passée. Les entreprises ont continué à investir en 2022, l'offre va s'accroître et contribuer à apaiser les tensions. Au même moment, les banques centrales sont à la manœuvre pour faire monter les taux d'intérêt et donc renchérir le coût du crédit, ce qui provoque un ralentissement de la demande. Plus d'offre et moins de demande, cela va équilibrer le marché. Et comme les salaires augmentent, mais moins vite que les prix, finalement, il n'y aura plus rien pour nourrir l'inflation.

« ÇA VA MONTER ! »

À l'inverse, on peut être tout autant convaincu que l'inflation va durer. La guerre va se terminer mais qui peut croire que les Européens vont se remettre sous la coupe du pétrole et du gaz russes ? Le temps de trouver des solutions alternatives pérennes, les prix vont grimper puis rester élevés et

« Tout va revenir à la normale »

« LA TRANSITION ÉCOLOGIQUE SE FERA SANS DOULEUR »

Plusieurs facteurs se conjuguent pour laisser penser que cette cible d'inflation des banques centrales pourrait être dépassée. La transition écologique devrait faire progresser les prix de l'énergie plus vite qu'auparavant, afin de diminuer l'empreinte carbone liée au recours massif aux énergies fossiles. Dans un premier temps, les énergies renouvelables coûtent plus cher : il n'y a qu'à voir les prix des voitures électriques pour s'en convaincre… La multiplication des événements climatiques extrêmes pourrait aussi renchérir le prix des denrées alimentaires.

« LA MONDIALISATION N'AVAIT QUE DES ASPECTS NÉGATIFS »

Un des bienfaits de la globalisation, symbolisée par l'entrée de la Chine dans l'Organisation mondiale du commerce, en 2001, est d'avoir contribué à générer des gains de pouvoir d'achat pour les

CHRISTIAN CHAVAGNEUX

se diffuser dans l'ensemble de l'économie. Et comme la BCE, au-delà d'un discours martial, sera prudente, la demande ne sera pas tant ralentie que cela.

MARC VIGNAUD

consommateurs. Des échanges davantage fragmentés entre grandes zones régionales pourraient, à l'avenir, tirer les prix à la hausse. D'autant qu'on assiste à une montée du protectionnisme. De toute façon, le coût de la main-d'œuvre en Chine augmente et l'Afrique ou l'Inde ne semblent pas prêtes à prendre le relais.

LA SOLUTION

Soutenir structurellement le pouvoir d'achat

RÉPONDRE À UNE DÉGRADATION DE LONG TERME

Entre 2010 et 2021, le pouvoir d'achat des individus n'a progressé que de 3,2 %, ce qui équivaut à une moyenne de 0,3 % par an. Bref, il y a un problème structurel ! Les mesures ponctuelles de soutien de 2021 et 2022 ne répondent pas au problème de fond.

RÉDUIRE LES INÉGALITÉS SALARIALES

Il faut rééquilibrer les politiques salariales au bénéfice de celles et ceux du bas de l'échelle. Il y a de la marge au sein du CAC 40 : la rémunération moyenne de ses dirigeants est estimée pour 2022 à 7,4 millions par patron ! Quand le SMIC net tourne autour de 1 300-1 400 euros... Autre indicateur ? Le salaire médian. Selon l'Insee, en 2020, il était de 20 % inférieur au salaire moyen, preuve que la moyenne est tirée vers le haut par quelques privilégiés.

CIBLER LES BAS REVENUS

Une hausse de 10 % au moins des minima sociaux apporterait un début de réponse aux problèmes des plus démunis, au-delà des rustines, utiles mais coûteuses (chèque alimentaire, bouclier tarifaire...). Une taxation des superprofits des entreprises et des supergains de patrimoine permettrait de financer sans souci ce genre de mesures.

Éviter la boucle prix-salaires

EMPÊCHER LE DÉRAPAGE VERS UNE INFLATION DURABLEMENT ÉLEVÉE

Vous connaissez l'angoisse actuelle de la plupart des économistes ? Il s'agit de la fameuse « boucle prix-salaires ». Le mécanisme est connu : les salariés réclament des augmentations aux entreprises pour éviter une perte de pouvoir d'achat, et en conséquence, ces dernières répercutent ce geste sur les prix de vente... Le début d'une spirale. C'est aussi pour cela que les gouvernements essaient d'amortir le choc pour les ménages et les entreprises, afin que les demandes d'augmentations salariales restent contenues. Les banques centrales, elles, tentent d'empêcher les anticipations d'inflation des entreprises et des ménages de trop augmenter, ce qui pourrait se muer en prophétie autoréalisatrice. Ces institutions se retrouvent confrontées à un dilemme : la nécessité de combattre l'inflation par la remontée des taux d'intérêt qui déterminent le coût des emprunts, sans précipiter l'économie dans la récession. Une ligne de crête difficile à suivre. Avec le risque de se retrouver en situation de « stagflation » : une forte inflation et pas de croissance. Un autre concept qui donne des sueurs froides à nos économistes !

BITCOIN

Créée en 2009, c'est la crypto-monnaie la plus répandue, loin devant l'Ethereum et autres Polkadot ou Avalanche. En 2021, on dénombrait 5 023 cryptos en circulation dans le monde, des actifs numériques virtuels qui reposent sur la technologie sécurisée de la blockchain. Pour toute une communauté d'internautes, c'est le moyen de s'affranchir de la monnaie légale et des États, et une opportunité pour s'enrichir. Mais pour les régulateurs, pas question de les considérer comme des monnaies : ils pointent qu'elles n'ont pas d'institutions de référence et trop peu de limites. L'Europe « notamment » a commencé à encadrer les opaques cryptos dont les risques sont connus : blanchiment, contournement de sanctions financières et spéculation toxique... Un bitcoin équivalait à 337 euros en novembre 2015, plus de 56 000 en novembre 2021 et moins de 20 000 dix mois plus tard. Pour s'y convertir, mieux vaut être adepte de sensations fortes !

LIBRA

C'est le nom qu'a choisi Facebook, le réseau social aux 2 milliards d'utilisateurs, pour sa monnaie privée, dont il a révélé la création en 2019. Dès l'annonce, les financiers et les politiques se sont bruyamment inquiétés à la fois des bouleversements qu'un tel projet pourrait entraîner sur le système global de paiement, des risques de fraude et d'une menace sur la sécurité des données personnelles. Face à cette levée de boucliers, le projet a officiellement été enterré en janvier 2022. Pour autant, Meta, la maison mère de Facebook, Instagram, WhatsApp et Messenger, planche toujours sur de nouvelles formes de paiement afin de monétiser son audience. IRL (*in real life*), Mark Zuckerberg n'a pas été aussi fort que les États. Le métavers pourra-t-il lui offrir une revanche ?

E-YUAN

Cette monnaie est la version virtuelle du yuan, destinée à remplacer les pièces et les billets. Depuis 2019, la Chine la teste régulièrement sur le terrain et à grande échelle. L'enjeu ? Remporter la bataille de la souveraineté face au dollar, à l'euro, aux cryptos et faire surgir un bloc monétaire autour de la monnaie chinoise. Certains observateurs inquiets y voient plutôt un nouvel instrument de contrôle de la population. Cette émergence du e-yuan a mis sous pression les autres banques centrales de la planète : elles savent que détenir sa propre monnaie numérique est un enjeu d'avenir. Si les États-Unis soupèsent encore l'intérêt du e-dollar, l'euro numérique, lui, pourrait voir le jour d'ici 2024.

Sources : Ministère de la Transition énergétique / RTE / Eurostat / Insee

Chers Français,

Ah, la tête que vous avez tirée quand nous sommes devenus, le 7 septembre 2021, le premier pays au monde à adopter officiellement le bitcoin comme monnaie légale ! Notre président, Nayib Bukele, un geek autoritaire et parfois grossier qui aime dire qu'il est notre « PDG », avait pourtant annoncé ce changement trois mois plus tôt, mais vous, les Français, et les Occidentaux en général, ne sembliez pas y croire. Et si ! Depuis cette date, chez nous, le bitcoin est placé au même rang que le dollar, notre monnaie depuis 2001.

En théorie, on peut l'utiliser pour s'acheter du rhum ou des pupusas, nos tortillas de maïs fourrées, pour payer ses impôts ou recevoir son salaire. Afin de nous y inciter, le gouvernement a lancé sa plateforme, Chivo (qui veut dire « cool » ici), en offrant à chacun des 7 millions d'habitants 0,00045 bitcoin, l'équivalent de 30 dollars à l'époque. Si on le souhaite, on paie donc avec son téléphone, c'est facile. Les 70 % de la population salvadorienne qui n'ont pas de compte en banque peuvent s'en emparer et nos expatriés peuvent nous envoyer des fonds avec des frais de transfert moins élevés.

Notre président quadragénaire veut créer une crypto-ville, Bitcoin City, au sud-est du pays, et tweete à tout va que « le bitcoin nous rend cool ». Bon, tout le monde ne partage pas son enthousiasme débordant. Les premières semaines, nous étions moins de 20 % à franchir le pas du bitcoin. Deux tiers d'entre nous ont difficilement accès à Internet.

Surtout, tout le monde sait compter : le bitcoin est trop volatile. Certes, il excite les spéculateurs, mais il nous donne des sueurs froides à chaque décrue. Dès le premier jour, le fameux 7 septembre 2021, sa valeur avait perdu 17 % : une leçon qui d'entrée en a refroidi quelques-uns et s'est encore renforcée par la suite quand il a dégringolé bien plus bas.

Désormais, les commerçants ont appris à ruser. Puisque la loi les oblige à accepter le bitcoin quand le client le désire, ils s'empressent de le convertir en dollars à peine le paiement effectué. Et faites-leur confiance pour effectuer l'opération inverse, sitôt que le bitcoin s'envolera !

Amitiés salvadoriennes

« C'est si nous ne faisions rien contre l'inflation que les Français seraient en colère »

FRANÇOIS VILLEROY DE GALHAU
Gouverneur de la Banque de France

Pur produit de la haute fonction publique, polytechnicien et énarque, inspecteur des finances, François Villeroy de Galhau a longtemps évolué dans les cabinets ministériels socialistes. À partir de 2003, ce descendant des faïenciers Villeroy & Boch passe dans le privé, chez BNP Paribas. En 2015, il devient gouverneur de la Banque de France, poste où il a été nommé par François Hollande et reconduit par Emmanuel Macron en 2021. À ce titre, il siège au conseil des gouverneurs de la Banque centrale européenne qui a soutenu massivement les économies des pays de la zone euro après la crise de 2008. Son style ? Le souci de la pédagogie et le verbe prudent inhérent à la fonction.

En 2022, l'inflation s'est imposée dans le paysage économique comme une secousse majeure. Depuis quand n'avions-nous pas connu une telle fièvre des prix ?

Depuis plusieurs décennies. Le parallèle qui revient ce sont les deux chocs pétroliers des années 1970, lorsque nous avons vécu une inflation à deux chiffres. À nous aujourd'hui de faire en sorte que l'inflation ne s'installe pas durablement. L'histoire nous instruit : plus nous attendrions pour agir, plus le remède serait lourd.

N'avez-vous pas précisément tardé à agir ? En 2021, les banquiers centraux prédisaient que la remontée de l'inflation serait temporaire…

À l'époque, la poussée d'inflation était due au rebond post-pandémie et à ses effets sur l'énergie et les matières premières. Deux temps nous ont amenés à réviser ce diagnostic. D'abord, l'imprévu majeur de l'invasion de l'Ukraine par la Russie. Puis, la diffusion de l'inflation, lorsqu'en mars et avril 2022, on s'est aperçus que ce qui était un choc d'énergie touchait aussi le reste des marchandises et des services… Il ne faut ni s'autoflageller ni se prétendre extralucides. En 2021, il nous fallait aussi éviter une erreur de sens contraire : s'il y avait eu un resserrement des taux trop rapide, cela aurait pu casser la reprise.

Ce début de remontée des taux est intervenu en juillet 2022. Est-ce un tournant ?

Oui, c'est un tournant. Car nous ne voulons pas que l'inflation domine pendant des années. Nous devons pour cela calmer cette fièvre et viser une inflation autour de 2 %, qui est l'équivalent des 37 degrés pour le corps humain : la bonne température de décennie.

Cette remontée des taux aura des conséquences : la fin de l'argent facile et le retour de la contrainte budgétaire. Or, cela intervient au moment où les Français attendent

des investissements pour la transition, l'éducation, la santé… Juguler l'inflation sans colère sociale, est-ce possible ?

Je le crois. C'est au contraire si nous ne faisions rien contre l'inflation que les Français seraient en colère. Sur les taux d'intérêt, il s'agit de sortir de taux exceptionnellement bas pour revenir vers des taux plus normaux. Mais si nous voulons vraiment que l'économie soit plus forte, il faut aller au-delà de la politique monétaire et que l'on muscle nos capacités productives. Il y a en France une ambiguïté sur la politique de l'offre, souvent résumée à baisser les impôts des entreprises. Je n'ai pas cela en tête. Quand je parle de politique de l'offre, cela commence par la formation des jeunes. Près de 60 % des entreprises françaises ont encore des problèmes de recrutement alors que notre chômage est de plus de 7 %. Comment un tel paradoxe peut-il exister en France ? C'est parce que les jeunes ne sont pas formés pour acquérir les compétences qui leur seraient utiles pour décrocher ces jobs. L'éducation, la formation augmenteraient les chances de réussite sociale. De même, il faut évidemment investir dans la transition climatique et la transformation numérique.

Vous siégez au conseil des gouverneurs de la BCE. Elle est indépendante du pouvoir politique et certains la disent surpuissante. Est-elle suffisamment démocratique ?

D'expérience, l'indépendance permet de mieux lutter contre l'inflation. Pour la France, elle a été votée par les citoyens eux-mêmes en 1992. Par ailleurs, ce sont les autorités démocratiques qui nomment les dirigeants des banques centrales. J'ai moi-même été nommé par deux présidents de la République élus, après un débat soutenu avec les parlementaires et un vote transpartisan. Et je dois rendre compte de notre action.

Au-delà de leur mission principale de stabilité des prix, les banques centrales cherchent à innover. Notamment en travaillant sur des monnaies numériques…

Les systèmes de paiement passent souvent pour un sujet technique, « d'intendance » comme aurait dit le général de Gaulle. En réalité, c'est essentiel pour le commerce mondial et dans nos vies. Aujourd'hui, les cryptoactifs essaient de se présenter comme une solution. Or, ce sont des actifs instables et des moyens de paiement qui sont peu utilisés. Pour le bitcoin, qui peut être tenu pour responsable ? Qui est l'équivalent du conseil des gouverneurs ? Il n'y en a pas. À la BCE, ce que l'on souhaite faire avec notre projet d'euro numérique, c'est de réunir le meilleur de la confiance qu'apporte la monnaie publique avec le meilleur de l'innovation technologique développée par le secteur privé, et notamment la blockchain. Notre prototype d'euro numérique sera prêt fin 2023-début 2024. Si nous le généralisons ensuite, il verrait le jour fin 2026-début 2027. Cela pourrait être un équivalent de l'introduction du billet de banque au XIXe siècle.

Justement, les monnaies numériques ne vont-elles pas tuer pièces et billets ?

Non, je ne le pense pas. Ne nous racontons pas d'histoires : aujourd'hui, le cash décline, y compris avec le sans-contact. Mais le libre choix reste important, notamment pour nos concitoyens les plus âgés et les plus fragiles. C'est une clé de la confiance dans la monnaie.

Sur ce terrain de la monnaie numérique, ne redoutez-vous pas la concurrence de la Chine ?

Aujourd'hui, les Chinois semblent les plus avancés. Certains estiment que cela pourrait être un outil de contrôle des citoyens – sur ce point, en Europe, nous sommes clairs, nous ferons tout pour assurer un respect absolu de la sécurité et du droit à la vie privée. Par ailleurs, il y aurait une volonté de la Chine d'internationaliser sa monnaie, au-delà des frontières, et de concurrencer le dollar. Le moment venu, il n'y a pas de raison que les Européens ne développent pas aussi leur e-euro internationalisé.

Certains redoutent l'émergence de blocs monétaires antagonistes. D'autres s'interrogent sur la succession d'incertitudes et de chocs que nous vivons depuis la crise financière de 2008. Vous restez confiant pour l'avenir ?

Nous sommes dans un monde qui, pour des raisons géopolitiques – affrontement des blocs, émergence de la Chine, montée des populismes, transition climatique –, est sujet à fractures. Restons fiers de notre modèle social et environnemental européen. Et développons toujours face aux incertitudes notre capacité d'adaptation. D'où la nécessité impérieuse de former et de penser dans le long terme. À ces conditions-là, oui, j'ai confiance.

Entretien réalisé le 29 août 2022

L'HEURE DE SE METTRE AU VERT

Pour faire fonctionner l'industrie, rouler les transports, chauffer et éclairer les logements, les Français utilisent tout un bouquet d'énergies différentes : c'est notre mix énergétique. En 2021, il dépendait encore à plus de 45 % des énergies fossiles (pétrole, gaz et charbon).

Si nous voulons contenir le réchauffement climatique, il va pourtant falloir atteindre les objectifs européens : baisser de 55 % les émissions de gaz à effet de serre d'ici 2030 et arriver à la neutralité carbone en 2050. En même temps, il faut s'assurer de notre indépendance énergétique – une leçon essentielle de la guerre en Ukraine – et maîtriser les coûts pour les ménages comme pour les entreprises.

Une seule solution : décarboner notre économie, c'est-à-dire remplacer les fossiles par de l'électricité jusqu'à ce qu'elle devienne notre source d'énergie majoritaire. Il faut donc produire plus d'électricité (sans CO_2 !), mais aussi ne pas gaspiller. En 2050, notre consommation d'électricité pourrait avoir augmenté de 35 % alors que notre consommation totale d'énergie aura baissé de 40 %.

Comment ferons-nous ? Efficacité énergétique ou réelle sobriété ? Et puis produire plus, avec du nucléaire et du renouvelable, dans quelles proportions ? En 2023, la France doit écrire sa nouvelle feuille de route. Le pays est en retard sur le déploiement des renouvelables, avec de sérieux problèmes d'acceptabilité des éoliennes sur terre et en mer. Quant au nucléaire, il fournit près de 70 % de notre électricité. À Belfort, en février 2022, Emmanuel Macron a annoncé la prolongation de la durée de vie des réacteurs existants et la construction de six EPR. Un défi si l'on songe au retard et au surcoût de celui de Flamanville...

Sources : Ministère de la Transition écologique / RTE / Eurostat / Insee

Chers Français,
Que de crises avons-nous affrontées ensemble ces dix dernières années ! Et encore une en 2022, celle de l'énergie, déclenchée par l'invasion de l'Ukraine par la Russie. Soudain, nos vocabulaires changent : vous n'avez plus que sobriété à la bouche ; nous le verbe Energiesparen, *faire des économies d'énergie.*
De ce côté du Rhin, tout l'été 2022, nous avons acheté des radiateurs électriques et commandé des stères de bois. Nos hommes politiques ont multiplié les recommandations sur les ampoules basse tension, le pommeau de robinet économiseur d'eau, et même la possibilité de se passer de douche quotidienne, grâce au bon vieux Waschlappen, *le gant de toilette. Mais surtout, notre gouvernement a décidé de relancer les centrales à charbon en réserve. Et notre chancelier Olaf Scholz a fini par poser le débat : et si nous prolongions nos trois dernières centrales nucléaires ? Car nous avons un problème majeur, bien plus marqué que chez vous : notre dépendance au gaz russe...*

Il y a quelques mois encore, nous étions confiants. Nous venions d'achever la construction de Nord Stream 2, un gazoduc géant de plus d'un millier de kilomètres reliant notre pays au territoire russe. Sachant que 16 % de notre électricité était produite grâce au gaz en 2021, cela constituait un nouvel appui précieux. Mais maintenant que la guerre a éclaté, nos choix passés deviennent des erreurs. Notre puissance industrielle, qui reposait sur cette énergie abondante, se retrouve fragilisée. Ceux qui encensaient notre modèle économique – et vous n'étiez pas les derniers – nous regardent aujourd'hui pris au piège. Mais attention, chers voisins, à tout accès de Schadenfreude, *cette joie malsaine à jubiler du malheur des autres ! Vos exportateurs savent combien nos économies sont liées, n'oubliez pas qui est votre premier partenaire commercial...*

Amitiés allemandes

Finance verte

Fonds d'investissement, banques, assurances, gestionnaires d'actifs : depuis l'Accord de Paris en 2015, la finance veut tout repeindre en vert. Ses outils ? Des prêts qui financent des projets écoresponsables ou des obligations indexées sur des objectifs durables (carbone, eau, déchets...). Leurs émissions, calculait BNP Paribas au printemps 2022, auraient été multipliées par 100 entre 2012 et 2021, jusqu'à atteindre près de 600 milliards d'euros en 2020. Mais l'heure n'est pas aux applaudissements. Car si ces nouveaux produits financiers se veulent vertueux, il est difficile de les évaluer, leurs notations et leurs labels évoluant sans cesse. Surtout, ils ne sont en rien incompatibles avec des investissements bruns. Ainsi, pointent les associations Reclaim Finance et Les Amis de la Terre, aussi « vertes » qu'elles se targuent d'être, les 60 plus grandes banques au monde n'en ont pas moins accordé, entre 2016 et 2021, environ 4 400 milliards d'euros à des énergies fossiles...

RSE

En 2021, 31 % des salariés rapportaient au Medef que leur employeur affichait une RSE « bien identifiée ». Cette responsabilité sociétale des entreprises implique qu'elles contribuent volontairement au développement durable (en termes environnementaux, éthiques, sociaux...). Les plus ambitieuses peuvent nommer un responsable de ces questions, mais cela peut aussi aller du recyclage à la mise en place du télétravail, jusqu'au choix d'un fournisseur d'énergies renouvelables. Du bon sens, en somme ? Peut-être, mais les entreprises tiennent à estampiller ces pratiques vertueuses en trois lettres. Le meilleur moyen d'en faire ensuite un argument de communication...

GILETS JAUNES

Longtemps, le gilet jaune s'est conjugué au singulier. Karl Lagerfeld vantait en personne ce vêtement permettant de se signaler lors d'une situation de danger : « C'est jaune, c'est moche, ça ne va avec rien, mais ça peut vous sauver la vie. » Depuis l'automne 2018, un mouvement massif de protestation est passé par là : tête haute et verbe affûté sur des ronds-points occupés, c'est donc au pluriel que ces mots triomphent désormais. La révolte des Gilets jaunes s'est poursuivie dans la rue chaque samedi durant des mois, avec des affrontements violents entre manifestants et policiers. Aucun autre mouvement récent n'a mieux symbolisé la tension entre volonté d'une ère décarbonée et mise en pratique. Car, à l'origine, c'est l'annonce d'une taxe carbone au 1er janvier 2019 (via la fin d'un taux réduit des taxes sur les produits énergétiques) qui a enflammé les choses. De nombreux citoyens qui ne pouvaient pas se passer de leur voiture et au pouvoir d'achat modeste, se sont indignés de cette décision politique, sans possibilité d'alternative. Pollueur-payeur ? Le principe paraît aussi juste que l'application est délicate.

Le climat

PUIS-JE REFUSER D'ALLER BOSSER EN PÉRIODE DE CANICULE ?

Le Code du travail ignore les grandes chaleurs. Pour autant, difficile de se concentrer dans un sauna et l'employeur doit tout faire pour préserver la santé physique et mentale des salariés. L'Institut national de recherche et de sécurité définit deux seuils limites : 28 °C pour les travaux en extérieur, 30 °C pour les activités sédentaires. Et au-delà de 33 °C, les risques augmentent : malaises, confusion mentale... Si je travaille dans une fournaise et que j'estime que la situation présente un danger grave et imminent pour ma santé, je peux donc exercer mon droit de retrait. Je reste à la maison et je continue à percevoir mon salaire. Autres solutions ? Le télétravail ou les aménagements d'horaires pour bénéficier des heures fraîches. Mais au-delà de ces expédients, le réchauffement climatique impose de faire baisser les émissions de CO_2. Selon l'Organisation internationale du travail, la hausse du phénomène de stress thermique pourrait provoquer dans le monde des pertes de productivité équivalentes à 80 millions d'emplois à temps plein à l'horizon 2030.

VERDIR MA BOÎTE, C'EST POSSIBLE ?

On le sait peu mais le Comité économique, social et environnemental a son mot à dire sur les impacts climatiques d'une entreprise. Et il y a du grain à moudre.
Selon l'Agence de la transition écologique (ADEME), 13 millions de personnes affairées 200 jours par an dans les bureaux génèrent 12 millions de tonnes de CO_2 à cause de leurs déplacements. 120 grammes de nourriture sont jetés à chaque repas dans le restaurant d'entreprise. Un salarié du tertiaire produit jusqu'à 140 kilos de déchets par an. Un quart des documents sont mis à la poubelle 5 minutes après leur impression. Et chacune de nos requêtes sur Internet parcourt en moyenne 15 000 km de câbles.
Au total, le numérique représente 4 % des émissions mondiales de gaz à effet de serre. De quoi balayer dans nos boîtes mails, éteindre au maximum la caméra pendant les visios... L'un des gestes les plus efficaces est de faire durer au maximum téléphones et ordinateurs. Un portable consomme entre 50 et 80 % de moins qu'un ordinateur fixe, et plus l'écran est petit, mieux c'est.

POUR ALLER BOSSER, JE PÉDALE OU JE PRENDS LE SUV ?

Métro, boulot, dodo...
La formule n'est vraie que pour les 16 % de salariés qui prennent les transports en commun pour aller travailler, quand 2 % enfourchent un vélo et 6 % décident de marcher. Tous les autres (74 %) restent accros à la voiture, même pour les trajets du domicile au lieu de travail de moins de 5 km (60 %).
Malgré la prime de transport accordée à certains rouleurs, le prix à la pompe pourrait néanmoins inciter les salariés à laisser leur véhicule au garage. Les transports collectifs, pourvu qu'ils existent entre la maison et le bureau, deviennent plus économiques, d'autant que l'employeur doit rembourser la moitié de l'abonnement, que je prenne un bus, un tram ou même un train grande ligne. Mon entreprise peut aussi décider de m'accorder le forfait « Mobilités durables » : 600 euros d'aide par an, exonérés de cotisations sociales et d'impôts, que je peux utiliser pour venir à vélo, en trottinette, voire en hoverboard... Même chose si je choisis le covoiturage ou l'autopartage. Ce forfait est cumulable avec mon abonnement transports en commun dans la limite du plafond cité. Sa limite ? La mesure est facultative. En avril 2022, deux ans après sa création, seules 20 % des entreprises l'avaient adoptée.

ET MAINTENANT, DOIT-ON DEVENIR DÉCROISSANTS ?

CHRISTIAN CHAVAGNEUX | **MARC VIGNAUD**

LE PROBLÈME

La fin du monde

LA NATURE FOUT LE CAMP

À part quelques derniers libéraux qui frisent avec le climato-scepticisme parce qu'ils pensent que le réchauffement climatique représente, au choix, une invention de la gauche pour redonner du poids à l'État ou un retour des écologistes pour revenir à la bougie et à la charrue à bœufs, le reste de la population a compris que notre modèle économique actuel détruit la nature. Et nous avec. Rapport après rapport, le GIEC (Groupe d'experts intergouvernemental sur l'évolution du climat) fait le même le constat : notre course à la croissance entretient le réchauffement climatique.

LES POLITIQUES NE SONT PAS À LA HAUTEUR

Face à ce constat, le rapport du GIEC du printemps 2022 indique que, faute d'effort rapide supplémentaire engagé d'ici à 2025, la température aura augmenté de 2,2 à 3,5 °C à la fin du siècle. Invivable, avec à la clé des catastrophes naturelles (sécheresse, inondations, montée du niveau des mers, chute de la biodiversité…) et humaines (accès à l'eau, à l'alimentation, à une énergie abordable…). Il va falloir mettre des limites à la croissance.

La croissance économique nécessite toujours plus d'énergie

DES OBJECTIFS DE BAISSE D'ÉMISSIONS TRÈS AMBITIEUX

Les rapports du Groupe d'experts intergouvernemental sur l'évolution du climat (GIEC) ne cessent de le répéter : il ne reste plus beaucoup de temps pour contenir le réchauffement climatique à 1,5 °C en moyenne dans le monde ou, à défaut, à 2 °C. L'Europe s'est fixé des objectifs très ambitieux de réduction de ses émissions de gaz à effet de serre de –55 % en 2030 par rapport à 1990, dans l'espoir d'atteindre la « neutralité carbone » en 2050. Ce qui nécessitera de ne pas émettre davantage de carbone que ce que l'UE est capable d'absorber, y compris via du captage et du stockage de CO_2 sous terre.

UNE AUGMENTATION DU PRIX DES RESSOURCES ÉNERGÉTIQUES

Un tel effort est-il bien compatible avec la croissance économique ? Ils sont de plus en plus nombreux à en douter. « Le temps du monde fini commence. Nous allons devoir apprendre à vivre dans un monde

CHRISTIAN CHAVAGNEUX

ET LA FRANCE ?
Bonne nouvelle, les émissions françaises sont orientées à la baisse depuis 2005. Mais, à ce rythme, en 2030, nous en serons à –40 % d'émissions par rapport à 1990, loin des –55 % ciblés par l'Union européenne. Et encore plus loin de la neutralité carbone en 2050. On ne pourra pas maîtriser le changement climatique sans changer de modèle économique sur le long terme et dans le consensus. La canicule et la sécheresse de 2022 sont venues confirmer le constat. D'où le besoin d'une planification écologique.

MARC VIGNAUD

sans croissance, voire en récession structurelle », explique par exemple l'ingénieur Jean-Marc Jancovici. Son constat est fondé sur la consommation exponentielle d'énergie nécessaire pour alimenter la croissance. Il n'est pas le seul à le faire. En 2019, lors du lancement de sa navette spatiale Blue Origin, Jeff Bezos, le fondateur d'Amazon, tirait la sonnette d'alarme. Pour l'instant, la consommation énergétique mondiale peut être satisfaite en recouvrant l'État du Nevada de panneaux solaires, a-t-il calculé. Mais, au rythme de 3 % de croissance par an dans le monde, la consommation d'énergie double tous les 25 ans. Au point que, d'ici 200 ans, il faudrait recouvrir la Terre entière ! C'est la raison pour laquelle il s'est lancé – un poil mégalo – dans la conquête de l'espace, afin d'y découvrir de nouvelles réserves énergétiques indispensables aux humains… Le constat est le même pour d'autres ressources de la planète comme les métaux. « La plupart des gens pensent que l'épuisement des ressources ne nous affecte que lorsqu'il n'y a plus rien dans le sol. C'est plus complexe que cela, explique Dennis Meadows, le physicien qui a signé le fameux rapport pour le Club de Rome en 1972. Les limites à la croissance sont liées au fait que, progressivement, le coût des ressources devient si élevé que nous ne pouvons plus nous permettre de les utiliser en si grandes quantités. »

LES IDÉES REÇUES

« Le nucléaire va régler une grande partie du problème »

« POUR ÉVITER LA GALÈRE, CONSTRUISONS DES EPR ! »
Du Parti communiste au Rassemblement national en passant par Emmanuel Macron, certaines personnalités politiques voient dans le nucléaire une partie de la solution. Problème ? La promesse de premières centrales opérationnelles

« La décroissance est la seule issue possible »

« DÉCARBONER OU CROÎTRE, IL FAUT CHOISIR »
La décroissance repose sur le postulat qu'il serait impossible de décarboner la croissance. Or, le « découplage » entre émissions de gaz à effet de serre et PIB est impressionnant dans l'Union européenne, comme le rappellent Christian Gollier et Mar Reguant, deux économistes

CHRISTIAN CHAVAGNEUX

à l'horizon 2030-2035 est très optimiste pour ne pas dire fantaisiste. Les audits réalisés pour le gouvernement tablent dans le meilleur des cas sur 2035-2037 au plus tôt, et si la technologie est maîtrisée, ce qui est loin d'être assuré. Ce sera de toute façon trop tard et trop cher, en comparaison avec les énergies renouvelables !

« LE NUCLÉAIRE EST UNE SOLUTION SÛRE »

En 2035, 44 réacteurs auront plus de 40 ans. Et parmi eux, 15 auront plus de 50 ans. Le parc devient donc de plus en plus vieillissant, de plus en plus dangereux. Il faut s'attendre à davantage de pannes et de pauses pour effectuer des maintenances. Aujourd'hui déjà, nombre de réacteurs sont à l'arrêt. Le nucléaire est en fait une énergie intermittente ! Sans même parler des déchets.

MARC VIGNAUD

du climat, dans un rapport commandé en 2020 par Emmanuel Macron. « Entre 1990 et 2019, les émissions de CO_2 de l'UE ont diminué de 23 %, alors que son PIB croissait de 50 % », écrivent-ils. Les tenants de la décroissance préfèrent regarder « l'empreinte carbone » d'un pays car elle tient compte non seulement des émissions sur un territoire donné, mais aussi du CO_2 émis ailleurs du fait des importations. Les constats sont moins positifs. Mais les dernières études montrent que la baisse de l'empreinte carbone est possible pour la France. Autrement dit, la croissance peut s'accompagner d'une diminution de toutes les émissions de CO_2 attribuables à un pays. Au final, il faudra bien aller vers une décroissance, mais concentrée sur les seuls biens à forte intensité de carbone.

LA SOLUTION

Sobriété plutôt que décroissance

LA PROSPÉRITÉ SANS LA CROISSANCE

L'économiste Jean Gadrey prend souvent cet exemple. Dans une clinique pour personnes âgées, une infirmière s'occupe de 10 patients. L'année suivante, il y a deux infirmières pour les mêmes 10 patients. Le « PIB » de la clinique est resté le même, la croissance est nulle et la productivité a été divisée par deux. Et pourtant, quel est le meilleur modèle ? Pour la qualité de vie et pour l'emploi créé : le second bien sûr ! Certes, il n'y a pas de repas gratuit : ça coûte deux fois plus. La question est alors double : celle des moyens (vaut-il mieux baisser les impôts ou financer cet emploi ?) et celle de l'organisation du travail (vaut-il mieux qu'une infirmière s'occupe de 10 patients ou partage le travail ?)

Innovations technologiques, sobriété, taxe carbone

FAIRE CONFIANCE À LA TECHNOLOGIE POUR NOUS AIDER À ALLER VERS LA CROISSANCE VERTE

La transition énergétique a déjà commencé. Les coûts de l'énergie solaire ont baissé de 80 % en dix ans. Les coûts de l'énergie éolienne, eux, ont diminué de 60 %. Quant aux batteries, elles valent 85 % de moins.

CHANGER LES HABITUDES DE CONSOMMATION

Croire que la transition énergétique peut se faire facilement serait illusoire. « Les habitudes de consommation vont devoir changer radicalement pour réduire la part des produits et des services à forte intensité carbone et pour favoriser les circuits courts », reconnaissent Christian Gollier et Mar Reguant.

CHRISTIAN CHAVAGNEUX

LES QUATRE PILIERS DE LA SOBRIÉTÉ

Sans parler ni de croissance ni de décroissance, Jean Gadrey met en avant quatre piliers pour répondre au réchauffement climatique. D'abord, prendre soin des personnes, du travail, du lien social et de la nature vaut mieux que produire toujours plus. Ensuite, toute politique publique doit viser des biens communs à préserver plutôt que des biens privés à accumuler, et les entreprises privées peuvent produire des biens écologiques et sociaux. Troisièmement, il faut viser la qualité des produits ou des emplois plus que la quantité. Enfin, la sobriété matérielle doit être préférée à la démesure dans la production et la consommation. On sait aujourd'hui qu'à l'horizon 2050, une économie peut fonctionner avec une électricité 100 % renouvelable. Les travaux de sources aussi diverses que l'Agence internationale de l'énergie, l'ADEME (Agence de l'environnement et de la maîtrise de l'énergie), RTE (gestionnaire du réseau de transport d'électricité) ou l'ONG Global Chance, l'ont démontré. Une écologie sans contrainte, c'est possible !

MARC VIGNAUD

Réduire les températures de chauffage dans les logements serait, par exemple, bienvenu. Atteindre zéro émission nette de carbone en 2050 suppose, en outre, de lever un certain nombre de verrous technologiques, comme le stockage de l'électricité. La meilleure solution aurait été d'augmenter le prix du carbone (à condition que son produit soit entièrement redistribué aux plus modestes) mais une partie de l'opinion publique le refuse. « Il n'est pas impossible que, si l'on n'y arrive pas, parvenir à zéro émission nette en 2050 nécessite d'imposer aux populations des efforts de sobriété et d'augmentation de coûts de l'énergie incompatibles avec la croissance économique », reconnaît Christian Gollier. Bref, pour réussir la transition, il faudra une combinaison de sobriété et de progrès technique, ainsi qu'une solide planification écologique.

Pour aller plus loin

Alors, heureux ?

- *Les Français et l'argent : 6 nouvelles questions d'économie contemporaine*, Daniel Cohen et Claudia Senik (dir.), Albin Michel, 2021.
- *La Feuille de paie et le caddie*, Lionel Fontagné, Presses de Sciences Po, 2021.
- *La France sous nos yeux*, Jérôme Fourquet et Jean-Laurent Cassely, Seuil, 2021.
- *Où va l'argent des pauvres*, Denis Colombi, Payot, 2020.
- *Que demande le peuple ? – Les cahiers de doléances de 1789*, Pierre Serna, Textuel, 2019.

Libres et égaux en quoi ?

- *L'Épouvantail néolibéral, un mal très français*, Guillaume Bazot, PUF, 2022.
- *Rapport sur les inégalités mondiales 2022*, Lucas Chancel (dir.), Thomas Piketty, Emmanuel Saez et Gabriel Zucman (coord.), Seuil, World Inequality Lab, 2022.
- *Pour une économie républicaine – Une alternative au néolibéralisme*, Christophe Ramaux, DeBoeck Supérieur, 2022.
- *Pourquoi les riches posent problème – 20 idées reçues sur les inégalités*, Philippe Richard, Max Milo, 2022.
- *Quantifier l'égalité au travail*, Soline Blanchard et Sophie Pochic, Presses universitaires de Rennes, 2021.
- Revenus et patrimoine des ménages, Insee, édition 2021.
- *Le Genre du capital – Comment la famille reproduit les inégalités*, Céline Bessière et Sibylle Gollac, La Découverte, 2020.

Ça s'est bien passé au boulot aujourd'hui ?

- *Un pognon de dingue, mais pour qui ? L'argent magique de la pandémie*, Maxime Combes et Olivier Petitjean, Seuil, 2022.
- *La Désindustrialisation de la France – 1995-2015*, Nicolas Dufourcq, Odile Jacob, 2022.
- *L'Emploi et le territoire*, Thomas Delemotte, Francis Kramarz et Benoît Schmutz, Presses de Sciences Po, 2021.
- « Faut-il réhabiliter la réduction du temps de travail ? », Michel Husson, article paru sur le site alternatives-economiques.fr, avril 2021.
- *Un contrat social pour l'âge entrepreneurial*, Nicolas Colin, Odile Jacob, 2020.
- « Le temps de travail en France : comment expliquer sa faiblesse relative ? », Antoine Goujard, article paru sur le site Ecoscope de l'OCDE, juin 2019.
- *Le travail n'est pas une marchandise. Contenu et sens du travail au XXIe siècle*, Alain Supiot, Éditions du Collège de France, 2019.
- « La durée du travail en France tout au long de la vie », *Trésor-Éco* n° 239, juin 2019.
- « Quand la mauvaise réduction du temps de travail chasse la bonne », Michel Husson, article paru sur le site alternatives-economiques.fr, mars 2018.
- *Un avenir pour l'emploi – Sortir de l'économie administrée*, Bruno Coquet, Odile Jacob, 2017.

Sortez couverts !

- *Parlons retraite en 30 questions*, Antoine Bozio, La Documentation française, 2022.
- *Les Fossoyeurs – Révélations sur le système qui maltraite nos aînés*, Victor Castanet, Fayard, 2022.
- « Protection sociale : qui paie le coût du vieillissement de la population ? », Pierre-Yves Cusset, Hippolyte d'Albis, Julien Navaux et Jacques Pelletan, rapport de France Stratégie, décembre 2021.
- « The Long Game: Fiscal Outlooks to 2060 Underline Need for Structural Reform », rapport de l'OCDE, octobre 2021.
- Les rapports du Conseil d'orientation des retraites.

Des impôts, juste ce qu'il faut

- *Les Impôts sur le patrimoine de 1789 à nos jours – Histoire et politiques fiscales*, Bastien Lignereux, LGDJ, 2022.
- *L'Économie française* 2022, OFCE, La Découverte, 2021.
- *Impôts – Idées fausses et vraies injustices*, Attac, Les Liens qui libèrent, 2021.